アメリカの大統領はなぜジョークを言うのか

名句・名言・ジョーク集

大修館書店

まえがき

　すぐれたユーモアのセンスがなければ，アメリカの大統領は窮地に陥る。　　　　　　　　　　　　　　　　（トルーマン大統領）
（If you don't have a good sense of humor, you're in a hell of a fix when you are President of the United States.）

　アメリカの大統領は世界最強の権力者であるとよく言われる。第2次世界大戦に連合国が勝利したことで，確かにアメリカは世界最強の国になった。ソ連崩壊後は，単独の超大国になった。

　アメリカはまた，いろんな民族が寄り集まってできた国である。それぞれの州も独自の権限をもっている。いってみれば，各州がひとつの国のようなものである。アメリカの大統領はそんな国々のトップに立つ統括者でもある。

　アメリカの大統領の職務はなにか。それは，国家元首であり，軍の総指揮官であり，行政府の最高責任者であり，立法上の指導者であり、政党の党首でもある。ひとりの人間がこれだけの顔をもっている。そして，たったひとりの人間に，これだけの権力が集中しているのである。

　首相，大臣がカメレオンのごとくコロコロと変わる日本とは違い，アメリカの大統領には議会の解散も内閣の総辞職もない。選挙により大統領に選出された者は，たとえ議会との対決が避けられなくても，また，いかなる状況のもとでも，弾劾され有罪の判決を受けないかぎり，最低4年間は職務に専念できる。議会の決定に対してでさえも拒否権を発動することもできる。

ちなみに歴代大統領のうち，最も多く拒否権を発動したのはフランクリン・ローズベルトの635件である。

しかし，大統領も人間、最強の権力者ゆえに孤独を強いられる立場でもある。副大統領，閣僚をはじめ側近は数多くいるが，最終的に決断をくだすのは大統領自身である。

日本ではすでにアメリカ大統領に関するすぐれた書物が数多く出版されている。しかし，ユーモアに焦点を当てて論じたものはない。それで本書の狙いは，あくまでもユーモアというレンズをとおして，「大統領も人の子」という観点から最強の権力者としての大統領の人物像に光を当てることにした。

ユーモアというレンズを使えば，公式の場での発言や行動だけではわからない、普段着のままの実像に迫ることができるのではないかと思ったのである。したがって、本書では大統領が発したジョーク，ウイット，迷言などユーモラスな発言を中心に取り上げている。名言の類も入れてはあるが，その数は限られている。

初代のジョージ・ワシントンから第44代のバラク・オバマ大統領まで年代順に全員取り上げた。しかし，読む場合はなにも初代から読む必要はない。どこから読みはじめてもかまわない。

それぞれの章を読み終えたときには，どうぞ章末のcoffee breakも楽しんでいただきたい。ここでのジョークは，作者がわかるものもあれば，わからないものもある。また，元のジョークを変形させて，私自身が作成したものもある。

本書を通じて人間味あふれる生身の大統領に触れていただきたい。そのことが契機になり，アメリカという国の国民性や文化の理解の一助になれば，筆者としてはこれに過ぎる喜びはない。

**アメリカの大統領は
なぜジョークを言うのか**

名句・迷言・ジョーク集

目次

まえがき...iii

初　代　ジョージ・ワシントン.....2

第2代　ジョン・アダムズ.....6

第3代　トーマス・ジェファソン.....10

第4代　ジェームズ・マディソン.....14

第5代　ジェームズ・モンロー.....18

第6代　ジョン・Q・アダムズ.....22

第7代　アンドリュー・ジャクソン.....26

第8代　マーティン・V・ビューレン.....30

第9代　ウィリアム・H・ハリソン.....34

第10代　ジョン・タイラー.....38

第11代　ジェームズ・K・ポーク.....42

第12代　ザカリー・テイラー.....46

第13代　ミラード・フィルモア.....50

第14代　フランクリン・ピアース.....54

第15代　ジェームズ・ブキャナン.....58

第16代　エイブラハム・リンカーン.....62

第17代　アンドリュー・ジョンソン.....66

第18代　ユリシーズ・S・グラント.....70

第19代　ラザフォード・B・ヘイズ.....74

第20代　ジェームズ・A・ガーフィールド.....78

第21代　チェスター・A・アーサー.....82

第22・24代　グローバー・クリーヴランド.....86

第23代　ベンジャミン・ハリソン.....90

第25代　ウィリアム・マッキンレー.....94

第26代　セオドア・ローズベルト.....98

第27代　ウィリアム・H・タフト.....104

第28代　ウッドロー・ウィルソン.....108

第29代　ウォーレン・G・ハーディング.....112

第30代　カルビン・クーリッジ.....116

第31代　ハーバート・C・フーヴァー.....120

第32代　フランクリン・D・ローズベルト.....124

第33代　ハリー・S・トルーマン.....128

第34代　ドワイト・D・アイゼンハワー.....132

第35代　ジョン・F・ケネディ.....138

第36代　リンドン・B・ジョンソン.....144

第37代　リチャード・M・ニクソン.....150

第38代　ジェラルド・R・フォード.....156

第39代　ジェームズ・E・カーター.....160

第40代　ロナルド・W・レーガン.....164

第41代　ジョージ・H・W・ブッシュ.....170

第42代　ウィリアム・J・クリントン.....174

第43代　ジョージ・W・ブッシュ.....178

第44代　バラク・H・オバマ.....184

あとがき.....191

参考文献.....195

アメリカの大統領はなぜジョークを言うのか

名句・迷言・ジョーク集

George Washington

ジョージ・ワシントン

◆初代大統領／無所属

在任期間：1789年4月30日〜1797年3月4日
就任時の年齢：57歳
生没年：1732年2月22日〜1799年12月14日（67歳）
ニックネーム：建国の父（Father of His Country）
ファースト・レディー：Martha Dandridge Custis Washington
当時の日本・世界：松平定信の寛政の改革（1787〜93），フランス革命開始
　　　　　　　　（1789）

◆大統領に選出されて

大統領職につくということは，罪人が刑場に送られていくときの気持ちと似たようなものだ。

My movements to the chair of government will be accompanied by feelings not unlike those of a culprit who is going to the place of his execution.

建国の父

　総司令官として独立戦争を勝利に導いたワシントンは，初代の大統領に選出されたとき，その重責に思いをはせて上記のような感想をもらした。

　トルーマン，アイゼンハワー，クリントンも大統領職やホワイトハウスを刑務所になぞらえているが，ひょっとしたらワシントンの，こんな感想に影響を受けているのかもしれない。

　ワシントンが大統領に就任した当時のアメリカの総人口は約400万人。現在の東京の人口の3分の1。総面積はいまのアメリカの約4分の1にすぎなかった。

当時は，アメリカは農業立国をめざす派と商業立国をめざす派に分かれ，激しい論争がくりひろげられていた。ワシントンも，党派間の争いに巻き込まれ苦悩する。

　古今東西，そしていつの世も政治の世界というのは，利害が対立し調整がむずかしい。ワシントンは国の舵取りをまかされたとはいうものの，毎日が綱渡りであったにちがいない。絶えない国内の紛争，そして，政権内での意見の不一致。ワシントンは不安定な政治状況に不安をいだきつつ，ふとこんなことをもらす。

人の意見というのは，彼らの顔と同様にさまざまなものだ。
Men's opinions were as various as their faces.

真の友情とは成長の遅い植物である。
True friendship is a plant of slow growth.

桜の木

　ジョージ・ワシントンは，日本人にとっても最もよく知られている大統領のひとりであろう。リンカーン，ケネディと同様，子ども向けの「伝記全集」などでもよく取り上げられている。

　ワシントンといえば「桜の木」のエピソードを抜きにしては語れない。父親が大切にしていた桜の木を切ってしまい，そのことを正直に認めた，ウソをつかない誠実な少年の話はあまりにも有名である。子どもの頃，この話を読んだことのある日本人の読者もおおぜいいることであろう。

　だが，実はこの話は，メイソン・L・ウィームズという伝記作家が，ワシントンが死去してからすぐに創作したものである。伝記には誇張，美談，称賛がつきものとはいえ，これほどまでに成功したエピソードもめずらしい。

満場一致の大統領

　ワシントンは，1732年2月22日，ヴァージニア植民地，ウェスト・モーランド郡に生まれる。父のオーガスティン・ワシントンは裕福な農業経営者ではあったが，ワシントンはほとんど正式な教育を受けることなく，大学にも行かなかった。当時，教育制度がまったく整っていなかったからである。

　1749年，17歳のときに土地測量技師になる。そして，52年にはヴァージニア民兵軍の副官に任命される。若くして，人望があったのであろう。

　独立革命戦争のさなか，ワシントンは，1759年に資産家の未亡人，マーサ・カスティスと結婚。彼は26歳だった。この結婚により，広大な農園と200人あまりの奴隷を手に入れることになる。農園は1万7000エーカーもあったという。逆玉の結婚で，若くして大資産家になったのである。

　議会で満場一致で大統領に選ばれたワシントンが就任したのは，1789年4月30日のことである。就任宣誓式はニューヨーク市のフェデラル・ホールで行われ，1万人近い観衆が押しかけた。当時のニューヨークの人口は3万人あまりだったから，いかに多くの人たちがワシントンを讃えるために集まったかがわかる。

　就任宣誓式が終わってから，熱狂する群衆を見てワシントンは友人に，こんな手紙をだしている。

> 私に対する国民の期待が大きすぎて，とても恐いのです。
> I greatly fear that my countrymen will expect too much from me.

今でも高い評価

　ワシントンは，いまなお多くのアメリカ国民から尊敬されてい

る。建国の父として，国民統合の象徴として，そして最も偉大な人物として，時代を超えて最高の評価を受けている大統領である。1ドル紙幣と25セント硬貨にも，彼の肖像が採用されている。

　また，ニューヨークには，ワシントンの名前をつけた地名が多くある。ワシントン・スクエア・パーク，ワシントン・ハイツ，ジョージ・ワシントン・ブリッジなど。そして，大統領としてはワシントンだけが，州の名前にまでなっている。

　ワシントンは1796年に3選されたが，これを辞退して政界を引退した。大統領職という最高権力の座に同じ人間が長くいることは，独裁につながると判断したのである。

　いまでこそ大統領の任期は，2期8年までと憲法で定められているが，大統領の3選が許されないというのは，初代のワシントンがその先鞭をつけたのである。

coffee break

ジョージ・ワシントンは，前政権が引き起こした諸問題について非難しなかった唯一の大統領であった。
The only president who didn't blame the previous administration for all his troubles was George Washington.

John Adams

ジョン・アダムズ

◆第2代大統領／連邦党

在任期間：1797年3月4日〜1801年3月4日
就任時の年齢：61歳
生没年：1735年10月30日〜1826年7月4日（90歳）
ニックネーム：肥満閣下（His Rotundity）
　　　　　　　独立の巨人（Colossus of Independence）
ファースト・レディー：Abigail Smith Adams
当時の日本・世界：本居宣長「古事記伝」完成（1798），アイルランドで反乱勃発（1798）

◆大統領の再選に失敗して

もし人生をもう一度やりなおせるものなら，私は，アメリカの政治家ではなく，靴屋になるだろう。
If I were to go over my life again, I would be a shoemaker rather than an American statesman.

もうひとりの「建国の父」

　1800年に首都が臨時首都のフィラデルフィアからワシントンDCに移り，ジョン・アダムズはホワイトハウスに住む最初の大統領となった。しかし，ここに住んだのはたったの4か月であった。

　アダムズはまぎれもなく，もうひとりの「建国の父」だが，大統領になっていちばん苦労し思い悩んだことは，初代のワシントンがあまりにも偉大であったことであろう。なにをやっても，そのすべてを偉大な人物と比較されることほど辛いことはない。

　だが，アダムズにも有利な点がいくつもあった。最大の利点はワシントンに副大統領として8年間つかえ，上院議長をつとめた

ことである。また、外交使節としてイギリス、オランダ、フランスに派遣されたことも、外交感覚を身につけるうえで大いに役立った。

独立戦争中は、合衆国代表としてフランスに派遣され、1785年には、初代イギリス公使に就任している。

独立宣言書に署名

アダムズは、1735年10月30日、マサチューセッツ植民地の寒村ブレーントリー（現クインシー）で生まれる。子どものころは、ミルク搾りや農作業を手伝う。冬には除雪作業もアダムズ少年に課せられた仕事だった。

父親は農業と靴屋を兼ねていたが、教育にはとても熱心であった。そのおかげで、彼はハーヴァード・カレッジに進学することができ、法律を学んだ。このあと、教職にもついたが、23歳のときに弁護士の資格を得てボストンで開業する。

そして、1768年、33歳でマサチューセッツ植民地議会の議員に選出される。1774年には第1回大陸会議にマサチューセッツ代表として参加することになる。政治家として、これほど順調なすべりだしはないであろう。

アダムズは愛国心に燃え、アメリカ植民地は完全に独立すべきだと信じていた。この気骨に富む信念が評価されたのであろう。1774年には、トーマス・ジェファソン、ベンジャミン・フランクリンと共に独立宣言書起草委員5人のうちの1人に選ばれ、調停役として活躍し、署名者の1人になっている。

3票差の大統領

アダムズが大統領に選出されたのは1797年。対立候補には、トーマス・ジェファソン、アーロン・バー、トーマス・ピンクニー

などがいたが，選挙人の投票数はアダムズが71でジェファソンが68であった。わずか3票の差。このため「3票差の大統領」などと揶揄されもした。この当時は，1位の票を獲得した者が大統領になり，2位が副大統領になるのがきまりだったのである。

アダムズ政権は，ワシントン政権のときの閣僚をそのまま留任させる形でスタートしたが，このことが内閣を分裂させることになる。この当時，いかにしてヨーロッパの紛争に対処するかが外交政策の最大の懸案だった。ところが副大統領のジェファソンは，民主共和党所属でありフランス寄りであった。与党の実力者，ハミルトンはイギリスを支持していた。

いつの時代でもそうだが，内閣がバラバラでは政権の弱体化は避けられない。次第にアダムズの指導力に疑いをもつ人が増えてくる。

大統領職がいかに苛酷なものなのか，利害が交錯し，調停役として困難な立場に立たされるなか，アダムズは自虐的になり，ユーモアをまじえつつも，こんなことばを残している。

大統領職についたことがある者なら，友人が大統領に当選しても，とても祝福する気にはならないだろう。
No man who ever held the office of president would congratulate a friend on obtaining it.

あなたは，苦悩と不安に満ちていない，偉大なる人物の肖像画をいちどでも見たことがありますか？
Did you ever see a portrait of a great man without perceiving strong traits of pain and anxiety?

決断の人

エリートのアダムズは，数々の名言を残している。「事実とは

頑固なものだ」(Facts are stubborn things.) は，ことわざになっており，歴代の大統領が引用する名言でもある。レーガン大統領はこれを間違って引用し，「事実とは愚かなものだ」(Facts are stupid things.) と言ったこともある。

頭の回転がはやく，「高潔，決断の人」とも言われたアダムズだったが，意外とこんな本音ももらしている。これぞ，アダムズも人間ということか。

男がまず求めるのは食べ物であり，次に求めるのは女である。
The first want of man is his dinner, and the second his girl.

ホワイトハウスを去るにあたり，アダムズは後継者にたいして，こう警告している。これはいま，日本の政治家にも聞かせてやりたい警告である。

党利党略優先の政治は避けよ。
Avoid party politics.

選挙に破れたアダムズは故郷のクインシーに戻り，すべての時間を読書と文筆に使って余生を送った。

もうひとりの建国の父であり，アメリカ独立の父 (Father of American Independence) とも呼ばれたアダムズが，独立記念日，1826年7月4日に亡くなったのも，なにかの因縁なのかもしれない。

coffee break

政治家はオムツのようなものだ。両方とも定期的に，同じ理由で取り替える必要がある。
Politicians are like nappies; they both need changing regularly for the same reason.

Thomas Jefferson

トーマス・ジェファソン

◆第3代大統領／民主共和党

在任期間：1801年3月4日～1809年3月4日
就任時の年齢：57歳
生没年：1743年4月13日～1826年7月4日（83歳）
ニックネーム：モンティセロの賢人（The Sage of Monticello）
　　　　　　　民主主義の哲人（Philosopher of Democracy）
ファースト・レディー：Martha Wayles Skelton Jefferson
当時の日本・世界：十返舎一九『東海道中膝栗毛』（1802），ナポレオンの皇帝
　　　　　　　　　即位（1804）

◆新聞について

まったくなにも読まない人のほうが，新聞しか読まない人よりは，よく教育されている。

The man who reads nothing at all is better educated than the man who reads nothing but newspapers.

マルチ・タレント

　トーマス・ジェファソンほど，様々な顔をもつ大統領もめずらしい。いまふうに言えば，完璧なマルチ・タレントなのである。偉大なる政治家であることはもちろんのこと，独立宣言書の起草家，啓蒙思想家，建築家，発明家，造園師，農夫などなど。

　ちなみに，衣服をかけるハンガーはジェファソンが考案したものだという。また，モンティセロの自宅は自分で設計したらしい。

　1962年のこと，ケネディ大統領は，ノーベル賞受賞者49人をホワイトハウスの晩餐会に招き，トーマス・ジェファソンに言及して，こんな演説をした。

これほど優秀な才能，頭脳をおもちの方々が，ホワイトハウスに集まったことはありませんでした。たぶん，トーマス・ジェファソンがこの部屋でひとり食事をしたとき以外は。
I think this is the most extraordinary collection of human talent, of human knowledge, that has ever been gathered at the White House—with the possible exception of when Thomas Jefferson dined alone.

　ジェファソンは，1743年4月13日，ヴァージニア植民地アルベマール郡のシャドウェルで生まれる。父は成功した大農園主であり，アルベマール郡の下院議員でもあった。だが，ジェファソンが14歳のとき父は亡くなる。

　少年時代は私立学校に通い，ラテン語，ギリシア語，歴史，自然科学などを学ぶだけでなく，森や野原を馬に乗って駆けまわるのが好きだった。

　17歳のときに，ウィリアム・アンド・メアリー大学に進学する。知識欲がすこぶる旺盛でイタリア語，スペイン語，法律に加え数学まで学ぶ。これらの外国語は自由に読み書きができたという。

独立宣言の起草者

　政歴にもはなばなしいものがある。24歳で弁護士の資格を取得。1769年にヴァージニアの下院議員になる。1776年，独立宣言の起草者のひとりになる。このとき弱冠33歳。

　1779年，ヴァージニア州の知事，1783年，連邦議会議員。1789年，ワシントン大統領の下で初代国務長官に任命される。また，ジョン・アダムズ大統領の下で副大統領になる。1800年，共和派の大統領候補に選ばれ，アダムズ大統領を破り，大統領になる。フランスから広大な南部の土地，ルイジアナを購入したことが，

ジェファソンの最大の功績だと言われている。これでアメリカの領土が倍増したのである。

この当時は、政情が不安定なため党派間の争いが激しく、大統領としての立場もむずかしくなっていた。苦悩する日々が続く。ため息まじりで、ジェファソンは言う。

> 党と一緒でなければ天国に行けないのなら、私は絶対に天国には行かない。
> If I could not go to heaven but with a party, I would not go there at all.

愛人に子どもを生ませる

「独立宣言」のなかで、「人間は生まれながらにして平等である」（All men are created equal.）と高らかに宣言したジェファソンだったが、矛盾だらけの人物でもあった。奴隷制に反対のポーズをとりながら、実際には多くの奴隷を所有しつづけた。

それどころか、30歳も年下の黒人の奴隷、サリー・ヘミングスとの間に息子3人、娘1人をもうけたと言われている。

もっとも、ジェファソンが38歳のときに夫人が先に死んでしまい、そのあと再婚しなかったので、男やもめで大統領になった最初の大統領ではあったが。

新聞を嫌う

さて、冒頭の発言が示しているように、ジェファソンはよほど新聞が嫌いであったらしい。じつは、こんなことまで言っている。

> 私は新聞を一紙も取っていないし、1か月に一つも読まない。それでこの上なく幸せなんだ。
> I do not take a single newspaper nor read one a month, and

I feel myself infinitely the happier for it.

おそらく，編集者は新聞を四つの章に分けている。最初に真実の記事，2番目に見込み記事，3番目に可能性のある記事，4番目にウソの記事。
Perhaps an editor might divide his paper into four chapters—heading the first, Truths; second, Probabilities; third, Possibilities; fourth, Lies.

1826年7月4日，ジェファソンは83歳でこの世を去った。この日は奇しくも「独立宣言」50周年記念日であった。次の文を墓標に刻んでくれるよう遺言を残したという。

　トーマス・ジェファソンここに眠る
　「独立宣言」の起草者
　「信教の自由に関するヴァージニア州法」の起草者
　そして，ヴァージニア大学の父

　2ドル紙幣と5セント硬貨には，ジェファソンの肖像が使われている。

coffee break

ポリティックス（政治）ということばを辞典で調べてみた。二つのことばの組み合わせから成り立っている。ポリは「多い」，ティックスは「人の金をしぼりとる人」を意味する。
I looked up the word politics in the dictionary, and it's actually a combination of two words: poli, which means "many" and tics, which means "bloodsuckers." 　　　　(Jay Leno)

James Madison

ジェームズ・マディソン

◆第4代大統領／民主共和党

在任期間：1809年3月4日～1817年3月4日
就任時の年齢：57歳
生没年：1751年3月16日～1836年6月28日（85歳）
ニックネーム：小さなジェミー（Little Jemmy）
　　　　　　　＊小柄だったことから。
　　　　　　　憲法の父（Father of the Constitution）
ファースト・レディー：Dolley Dandridge Payne Todd Madison
当時の日本・世界：杉田玄白『蘭学事始』成る（1815），ラテンアメリカ諸国の
　　　　　　　　　独立運動開始（1809）

> ◆大統領就任のパーティーについて
> （就任式のパーティーにでるより）私はむしろ家で寝ていたいよ。
> I would much rather be home in bed.

この発言は大統領就任のパーティーでのこと。内気で，非社交的で，人付き合いの苦手なマディソンが，出席者のひとりにつぶやいたものである。

大統領になる条件

アメリカの大統領になるための有利な条件として，ユーモアをまじえた演説がうまいこと，華々しい軍歴があること，社交性にたけていること，背が高いことなどといわれる。初代のワシントン，第3代のジェファソンは演説がうまかったし，身長も高かった。16代のリンカーンにいたっては，演説がうまいだけでなく，

ユーモア感覚にすぐれており、身長が193センチもあった。

ところがマディソンは、米国史上、最も背の低い大統領であり、163センチしかなかった。体重は45キロちょっと。軍歴といえるものはなし。しかも、内気で人前で話すのが苦手ときている。

子どものころからありとあらゆる病気にかかる。下痢、リウマチ、インフルエンザ、痔などなど。まるで病気のデパートのような虚弱体質。なぜ大統領になれたのか。ずばぬけた頭脳、知識だけが、マディソンのたった一つの武器であったのだ。

合衆国憲法の父

マディソンは、1751年3月16日、ヴァージニア植民地、ポート・コンウェイで裕福な家庭に生まれる。父は相続した2400ヘクタールものタバコ農園を経営し、200人以上もの奴隷を所有していた。大佐にまでのぼりつめた軍人でもある。

子どものころは、母と祖母から読み書きを習い、その後寄宿学校で英才教育を受ける。大学はニュージャージー（現プリンストン大学）に進み、歴史と政治学を専攻する。4年制コースを半分の2年で終えて、その秀才ぶりを発揮。卒業後は弁護士になる。

そして華々しい政歴。1776年、ヴァージニア議会議員となる。1784年にはヴァージニア州議員に選ばれる。1789年、連邦下院議員に当選。ジェファソン政権では国務長官をつとめる。

ワシントンが「建国の父」なら、マディソンは「合衆国憲法の父」（Father of the Constitution）と呼ばれる。それほど、マディソンはアメリカ合衆国憲法を誕生させるうえで重要な役割を果たした。

1787年、マディソンはフィラデルフィア憲法会議に「ヴァージニア案」（国民を重視し、政治により直接に関与させようとした案）を提出した。この案をもとに成立したのが、合衆国憲法であ

る。1791年、民主共和党を結成する。

世界で最も偉大な男

親友のトーマス・ジェファソンは、博覧強記のマディソンを「世界で最も偉大なる男」(the greatest man in the world) と言って最大級の称賛をした。これを裏づけるようにマディソン自身、一般教書のなかで、「**十分な教育を受けた人間だけが、永遠に自由でいられる**」(A well-instructed people alone can be permanently a free people.) と述べている。

1808年、マディソンは対抗馬、連邦党のピンクニーを破って大統領に当選する。楽勝であった。

1812年、アメリカ商船の往来を妨害し続けたイギリスに対して宣戦布告をする。

なぜホワイトハウスなのか

アメリカの大統領官邸が「ホワイトハウス」と呼ばれるようになったのは、1814年の米英戦争がからんでいる。イギリス軍はワシントンを占領し議事堂、官邸を焼き払った。このとき、大統領一家の食事は温かいまま残されていたという逸話が残っている。まさに危機一髪の緊急避難だったのだ。

このとき、夫人のドリーは壁にかけてあったワシントン大統領の肖像画の額縁を壊して、キャンバスだけを抱えて逃げたというが真偽のほどは定かではない。

ホワイトハウスの呼称は、焼け残った建物の壁を白いペンキで塗って、再建された建物の一部に残したからだとされている。

内輪の席でのジョーク

利害が複雑に交錯する政治運営のむずかしさ。うんざりしたマ

ディソンは『ザ・フェデラリスト』のなかで，こんなことを言っている。

> 人がみな天使なら，政府は必要がないだろうに。
> If men were angels, no government would be necessary.

大衆の前で話すのが苦手なマディソンだったが，内輪の席ではジョークを連発した。知人がホワイトハウスを訪ね，ワインの栓を抜いたときにコルクが飛んでしまった。そのときにすかさず，こんなジョークを飛ばした。(コルクが飛び，ジョークを飛ばす。これほどいいタイミングはない！)

> ワインをたくさん飲むと，あなたもコルクのように飛んでしまいますよ。
> If you drink much of it (wine), it will make you hop like the cork.

政権を2期にわたりになったマディソンは，ホワイトハウスを去ってからヴァージニア州の郷土モンペリエに隠退し，読書，著作に励む。

1836年自宅で死去。子どもはいなかった。「改心が，すべてなり」(Nothing more than a change of mind.) が，最後のことばとなった。

coffee break

三つのタイプの政治家がいる。ウソをつけない政治家，真実を話せない政治家。それに，ウソと真実の違いがわからない政治家。
There are three types of politicians: those that cannot lie, those that cannot tell the truth, and those that cannot tell the difference.

James Monroe

ジェームズ・モンロー

◆第5代大統領／民主共和党

在任期間：1817年3月4日～1825年3月4日
就任時の年齢：58歳
生没年：1758年4月28日～1831年7月4日（73歳）
ニックネーム：好感情時代の大統領（The Era of Good Feelings President）
　　　　　　　最後の三角帽将軍（Last Cocked Hat）
ファースト・レディー：Elizabeth Kortright Monroe
当時の日本・世界：イギリス船が浦賀に来航（1822），イギリス，シンガポールを獲得（1819）

◆政府の役職を求める人にうんざりして

だれを役職につけようが，お前の知ったことではない。さっさと部屋を出なければ，喉をかき切るぞ。
It was none of your damn business. You will now leave the room or you will be thrust out.

人事のむずかしさ

　大統領に選ばれた者の最大の悩みごとは，内政，外交もさることながら，誰を役職につけるかということである。財務長官のウィリアム・クロフォードが自分の友人を含めた役職推薦者リストをもってきたときのこと。モンローは，そのすべてを拒否した。これは情に流されない大統領のプライドであり，権限でもある。激怒して「私の要求が認められるまで，この部屋を出ない」とくいさがるクロフォードに，モンローは火ばさみを手にもち，きっぱりと言い返したのが上記のことばである。日本の総理大臣も火ばさみを手にしろとまではいわないが，組閣のときには派閥を無

視して、これくらいの勇気、気概をもって大臣を任命してもらいたい。そして、いちど任命した大臣は、よほどの理由がないかぎり、コロコロと変えないことである。

モンロー主義

ジェームズ・モンロー大統領といえば、真っ先に思い出されるのが、一般教書での「モンロー宣言」である。これは1823年に大統領が議会で示した外交方針で「モンロー・ドクトリン」とも言われる。

それは、アメリカはヨーロッパ諸国には干渉しない、だから、ヨーロッパ諸国によるアメリカへの干渉を容認しない、つまり相互不干渉の呼びかけだった。このことで、独立国家としてのアメリカの立場を世界にアピールすることに成功したのである。また、こういう宣言ができたのは、時の国務長官、ジョン・クインシー・アダムズの尽力によるところが大きいと言われている。

独立戦争に加わった最後の大統領

モンローは1758年4月28日、ヴァージニア植民地、ウェストモーランド郡の裕福な農家に生まれる。偶然だが、ワシントン大統領と同じ郡である。父親は農園を経営するかたわら、腕のいい木工技師でもあった。

16歳のときにウィリアム・アンド・メアリー大学に入学するが、在学中に独立戦争が勃発する。やむなく勉学を中断。戦争が始まると愛国心にかられてワシントン将軍指揮下の兵隊になった。イギリス軍の弾丸で負傷する。

モンローは、独立戦争に正規の兵士として参加したことのある最後の大統領なのである。戦争が終わると、トーマス・ジェファソンのもとで法律を学び、資格を得て弁護士業を開業した。

1782年, ヴァージニア州下院議員, 1783年に憲法制定会議の委員に選ばれる。25歳という最年少の委員だった。1790年に連邦上院議員に選出され, ジェファソンらとともにリパブリカンズ（民主共和党）を結成する。ヴァージニア知事を2期つとめ, 行政的手腕を発揮する。

　ジェファソン政権では, フランス特使に任命される。その後, イギリス公使などもつとめる。1811年, マディソン政権下では陸軍長官に加え, 国務長官に任命され, 2期目もつとめた。議会をコントロールし, 議会との良好関係を築く。

好感情時代の大統領

　1808年, マディソンに対抗して大統領に立候補するが, 敗れる。しかし, 1816年の大統領選では共和党の候補に指名され, 連邦党のルーファス・キングに圧勝。選挙人投票ではモンロー183票, キング34票であった。

　モンローが大統領になったとき, アメリカは躍進を続け, 前途は希望に満ちたものだった。イギリスとの戦争は終わっていた。スペインからフロリダを買収するのに成功し, 領土がさらに拡大していく。国民は裕福で, 戦争の影もうすれていた。成功への夢を抱く開拓者たちは豊かな未開の地を求め, 大挙して西へ西へと押しかけて行く。

　こういう状況を反映してモンローにつけられたのが,「好感情時代の大統領」というニックネーム。国民からは圧倒的な支持を得る。だから, 2期目の大統領選のときは対抗馬がいなかった。

　モンローは終生, トーマス・ジェファソンとの親交を保ち, こんなユーモラスな手紙をジェファソンに書き送っている。

> 妻が娘を社交界に登場させた。彼女は騒々しいが, みんなをと

ても楽しませているよ。
Mrs. Monroe hath added a daughter to our society who, though noisy, contributes greatly to its amusement.

いまも生きるモンローの名

　モンローは1831年7月4日の独立記念日に死去した。このとき無一文であったという。妻のエリザベスが死んでからちょうど1年後のことであった。独立記念日に死んだ3番目の大統領である。

痛みはない。だが，昼も夜も咳がとまらずとても苦しい。
I am free from pain. But my cough annoys me much, both night and day.

が，最後のことばになった。
　モンローの名はいまでも生きている。西アフリカのリベリア共和国の首都は，モンロー大統領にちなんで「モンロヴィア」と命名された。

coffee break..........●..........●.........●.........●.........●.........●

「宇宙人と知的な政治家との共通点はなにか？」
「人は両者について話すが，めったにその姿を見ることができない。人によっては，両者が本当に存在するのかどうか疑問に思っている。」
What do aliens and intelligent politicians have in common? People talk about them but rarely see them—and some wonder if they exist at all.

.....●.........●.........●.........●.........●.........●.........●.........●

John Quincy Adams

ジョン・Q・アダムズ

◆第6代大統領／民主共和党

在任期間：1825年3月4日～1829年3月4日
就任時の年齢：57歳
生没年：1767年7月11日～1848年2月23日（80歳）
ニックネーム：タナボタ大統領（Accidental President）
　　　　　　　雄弁おやじ（Old Man Eloquent）
ファースト・レディー：Louisa Catherine Johnson Adams
当時の日本・世界：異国船打払令（1825），ロシア，ニコライ1世の治世開始
　　　　　　　　　（1825）

> ◆大統領という職務
> 大統領としての4年間が，私の人生で最もみじめな4年間だった。
> The four most miserable years of my life were my four years in the presidency.

血は争えぬ

　アダムズは，1767年7月11日，マサチューセッツ植民地ブレーントリー（現・クインシー）で生まれる。父親は第2代大統領のジョン・アダムズである。アメリカで親子で大統領になったのは，2代，6代のアダムズ親子と41代，43代のブッシュ親子だけである。「もし人生をもう一度やりなおせるものなら，私は，アメリカの政治家ではなく，靴屋になるだろう」というアダムズの父親（第2代大統領）のことばを思い出してみよう。やはり血は争えない。大統領職について，親子そろってこれほど消極的な発言をしているのもめずらしい。

独立戦争のさなか、アダムズは8歳になるかならないころ、実際に家の近くの丘の上で戦闘の場面を見ている。人間と人間の殺しあいは、純真な子どもにはショック以上のものがあったことであろう。

英才教育を受ける

アダムズ少年は、小さいときから徹底した英才教育を受ける。1781年、まだ14歳なのにアメリカ使節団に加わりロシアに行く。1783年、パリ講和会議に出席する父親の秘書をつとめる。

オランダのライデン大学やハーヴァード大学で法律を学び、優秀な成績で卒業する。卒業後、弁護士の資格を取得。初代大統領ワシントンに認められて、ポルトガル、オランダなどの駐在公使をつとめ、長らくヨーロッパに駐在し、外交感覚を身につける。まだ28歳の若さであった。

タナボタ大統領

1801年、マサチューセッツ州上院議員に選出される。1803年には連邦上院議員に選ばれる。また、モンロー大統領の下で国務長官としてつとめ、モンロー宣言の起草にあたるという重要な役割を果たす。この宣言がアメリカの単独宣言になったのは、アダムズの強い主張があったからだという。

アダムズ大統領のニックネームは「タナボタ大統領」。これには訳がある。1824年の大統領選挙でのこと。アダムズを含め4人の候補者が、いずれも一般投票においても、選挙人投票においても過半数を獲得できなかった。

憲法の規定に基づき、この問題の決着は下院に持ち込まれることになった。下院での決戦投票の結果、アダムズが僅少差で勝利した。だが、アダムズ大統領にたいする世間の風当たりは強かっ

た。選出の方法が不当だと考える人たちが多くいたのである。そのため，タナボタ大統領などという有り難くないニックネームがつけられた。

議会運営のむずかしさ

1825年，大統領に就任する。就任式には第2代大統領の父親も参列した。就任したものの政局は不安定であった。大統領と議会との関係もぎくしゃくしたものになる。大統領が遂行しようとした政策，道路・運河などの公共事業は，ことごとく議会の妨害にあった。その結果，国民からは無能な大統領というレッテルを貼られ，2期目の大統領選挙では大敗する。アダムズは嫌気がさし，弱気になって，こんなことを日記に書く。

> 生きたいという気持ちの正当な理由が見つからない。
> I have no plausible motive for wishing to live.

政治を離れると，アダムズは教養の人であった。7か国語を話すことができ，詩人でもあった。実際に詩集を刊行している。

子育てには失敗

彼には3人の息子と1人の娘がいた。長男の名前は初代の大統領ワシントンにちなんで，ジョージ・ワシントン・アダムズである。父親の思い入れがわかるというもの。

次男のジョンは，父親と同じく名門ハーヴァードに進学したが，成績は悪かった。クラスの85名中45位。そんな息子に激怒したアダムズは，こんな暴言をはいた。

> おまえの存在は，まさに悲しみと恥辱そのものだ。
> I would feel nothing but sorrow and shame in your

presence.

　長男のジョージはアルコール中毒になり，船から身を投げて自殺する。さらに，次男のジョンは過度の肥満とアルコール中毒で病死してしまう。

水に入るのが趣味

　アダムズは素裸で水泳，水浴びをするのが好きだった。ある日，川で泳いでいるときに，女性の新聞記者につかまってしまう。彼女はアダムズの脱いだ衣服の上に腰を下ろして言った。「私のインタビューを受けます？　それとも，ずっと川のなかにいます？」と。素裸のアダムズは，こう答えた。

> 君のインタビューを受けると約束するよ。だから身じたくをするあいだ，茂みの影に行っててくれ。
> I'll promise to give you the interview. Please go behind those bushes while I make my toilet.

　アダムズは大統領を退いてからも下院議員を死ぬまでつとめた。アメリカの政界ではきわめてめずらしいケースである。彼は一貫して奴隷制度廃止を強く主張した行動派の政治家でもあった。
　1848年2月21日，下院の議場の床に倒れ，2日後に死亡。まさに殉死である。

coffee break

私が再選されたときには，前回の選挙でした約束を実行するということを，お約束いたします。
If re-elected I will promise to fulfill the promises that I made in the last campaign.

アンドリュー・ジャクソン
Andrew Jackson

◆第7代大統領／民主党

在任期間：1829年3月4日〜1837年3月4日
就任時の年齢：61歳
生没年：1767年3月15日〜1845年6月8日（78歳）
ニックネーム：頑固おやじ（Old Hickory）
　　＊この木は堅くて丈夫なことで知られることから。
ファースト・レディー：Rachel Donelson Robards Jackson
当時の日本・世界：天保の大飢饉（1833−39），フランス7月革命（1830）

◆医者に向かって

先生が適切と判断されたことにはすべて従います。そして，多くの人たちと同じくじっと耐えてみせます。ただ，やめられないものが2つだけ。コーヒーとタバコです。
I can do any thing you think proper to order, and bear as much as most men. There are only two things I can't give up; one is coffee, and the other is tobacco.

　冒頭の発言は，ジャクソンが体の調子が悪く病院を訪ねたときに医者に言ったジョーク。軍隊を指揮するときには心を鬼にするジャクソンだが，医者の前ではなんと正直で素直なことか！

叩き上げの人

　アンドリュー・ジャクソン大統領は叩き上げの人であった。そして血の気の多い人であった。幼いころからの波瀾万丈の人生が，そうさせたのである。
　1767年3月15日，現在のサウスカロライナ州に貧しい移民の子

として生まれたが、正確な場所はわかっていない。開拓地のどこかなのであろう。その名前からして、スコットランド系アイルランド移民の子孫である。

彼の生まれる前に父親が死んでしまう。12歳で独立戦争に志願するが、イギリス軍の捕虜になる。靴磨きを要求されるが、それを拒否。戦争のさなか、母親と2人の兄を亡くし、まさに天涯孤独の身となる。貧乏ゆえに、まともな教育はほとんど受けていない。いっとき、競馬、闘鶏などのギャンブルにも手をそめる。

逆境ながら、ジャクソンは向上心の強い人であった。それも半端ではなかった。自分の人生を切り開くのは自分以外にないという信念のもと、20歳にして弁護士の資格を得る。すべて独学である。

富を手にし、政界を狙う

土地投機に手を出し、奴隷制農園の経営で莫大な富を手にする。そして、政界への進出を試みる。土地で大儲けして政界を狙う。このやり方は、日本の首相をつとめた某政治家に似ている。

1788年にテネシー州憲法会議委員となる。1796年には下院議員、翌年に上院議員に当選する。1798年から1804年まで州最高判事をつとめる。初代フロリダ州の知事になる。

1812年に対英戦争が勃発すると積極的に参加。イギリスに味方する先住民族のクリーク族を大量に殺戮し、土地譲渡条約書にむりやりサインさせ、アラバマ州周辺の土地を先住民から取り上げてしまう。この掠奪行為が「功績」として認められ、連邦軍隊の将軍のポストを与えられる。

1815年、ニューオリンズ郊外の戦いで、イギリス軍をこっぱみじんに破る。アメリカ軍にとっての大勝利である。ジャクソンは、一躍、国民的な英雄となった。

軍人哲学

ジャクソンの軍人としての哲学は，単純明解である。

> 時間をかけてじっくり考えろ。しかし，行動を起こすときがきたら考えずに突っ込め。
> Take time to deliberate; but when the time for action arrives, stop thinking and go in.

ジャクソンが軍隊の指揮官であったころ，部下がつけた彼のニックネームは「頑固おやじ」だった。性格が野性的で，荒っぽかった。しかし，兵士たちとは，いかなるときも苦楽をともにした。空腹のときはドングリでも食べてしまう。ここに，人間ジャクソンをみる。

指揮官としてのジャクソンは，自分に厳しかったが，兵士たちにも厳しかった。1813年のクリーク族掃討作戦のとき，兵士全員が疲労と食料不足で引き返すことを望んだとき，ジャクソンは兵士たちに銃を向けながら，こう叫んだという。

> 引き返そうとするやつがいたら，オレが即座に射殺する。
> I shoot the first man who made a move in the wrong direction.

悲運の大統領

1828年，民主共和党の候補として大統領選に出馬し，対抗馬のジョン・クインシー・アダムズ大統領を大差で破る。初の南部出身大統領である。ここに家柄や学歴ではなく，文字どおり叩き上げの大統領が誕生したのである。

しかし，大統領就任式後の祝典のさなか，ジャクソンは，ひとりひっそりと姿を消す。就任式の1か月前に，最愛の妻，レイチ

ェルがこの世を去っていたのである。

　軍の指揮官としては天才肌のジャクソンだが，大統領職については，こんな感想をもらしている。

自分がなにに適しているかはわかっている。荒々しいやり方だが，男の一団を指揮することはできる。だが，私は大統領には適していない。
I know what I am fit for. I can command a body of men in a rough way; but I am not fit to be President.

　気が短くて一本気のジャクソン。同僚の議員にこんなことも言った。

君の部署で，もし民主党員にできない仕事があったら，そんな仕事は放りだせ。
If you have a job in your department that can't be done by a Democrat, then abolish the job.

　1845年6月8日，ナッシュヴィルで死去。ジャクソン大統領は多くの敵をつくったが，多くの人から好かれてもいた。大統領職を「威厳のある奴隷の状態」(a situation of dignified slavery) と呼んだのもジャクソンだった。

coffee break……..●………..●………..●………..●………..●………..●

私はジョークをつくっているのではない。政府をウォッチングし，その事実を報告しているだけだ。
I don't make jokes. I just watch the government and report the facts.　　　　　　　　　　　　　　　　　(Will Rogers)
……..●………..●………..●………..●………..●………..●………..●

Martin Van Buren

マーティン・V・ビューレン

◆第8代大統領／民主党

在任期間：1837年3月4日～1841年3月4日
就任時の年齢：54歳
生没年：1782年12月5日～1862年7月24日（79歳）
ニックネーム：小さなマジシャン（Little Magician）
　　　　　　　リトル・ヴァン（Little Van）
ファースト・レディー：Hannah Hoes Van Buren
当時の日本・世界：天保の改革（1838），アヘン戦争勃発（1840）

> ◆2日だけの幸せな日
>
> 大統領在任中，最高に幸せだった日が2日ある。ひとつは，ホワイトハウスに入った日。もうひとつは，ホワイトハウスを出ていくことになった日。
>
> As to the presidency, the two happiest days of my life were those of my entry upon the office and of my surrender of it.

英語を母語としない大統領

　マーティン・ヴァン・ビューレンは独立宣言後に生まれた初の大統領である。しかも，母語がオランダ語。にもかかわらず，英語による演説は得意だった。論理的であり，わかりやすくてうまかった。

　ビューレンはジャクソン政権の2期目に，国務長官と副大統領をつとめる。ジャクソンに大いに気に入られていたのである。そういえば，2人には共通点がある。どちらも向上心が旺盛で，独力でわが道を切り開いてきた男たちである。

酒場で政治を学ぶ

1782年12月5日,ビューレンは,ニューヨーク州のオランダ人の村,キンダーフックで生まれる。14歳まで学校に通ったが,その後はすべて独学である。父親はニューヨークで酒場を経営しており,ビューレンもそれを手伝う。この当時,一部の酒場は投票所としても使われていた。

ビューレンは酒場を手伝いながら,政治家たちがそこで交わす話によく聞き耳をたてていたという。はやくも政治に興味を示し,それにめざめたのである。18歳のころから,盛んに選挙運動を手伝う。

法律事務所の事務員の仕事がみつかり,法律の勉強をする。21歳という若さで弁護士の資格を得る。あたかも独学がいちばん効率のいい勉強の方法であることを,実証しているような経歴である。

1821年,ニューヨーク州選出の連邦上院議員に当選する。州政を裏で操作することを覚える。ジャクソンが大統領に立候補したとき,ビューレンは大統領選挙本部の参謀に抜擢される。政治や選挙の裏の裏まで知り尽くしていたからである。その原点は,前述したように,酒場で政治家たちのよもやま話に耳を傾けた少年のころであろうか。

1836年,民主党候補として大統領選に出馬。自身を含め4人の候補者が立候補したが,大統領ジャクソンによる強力な支持を得たビューレンが圧勝する。選挙人投票で,ビューレンは170票を獲得し,次点のハリソンはわずか73票であった。

大不況がはじまる

しかし,就任3か月後に,アメリカ史上初の大不況がはじまる。まさに,前途多難の船出である。失業者が街にあふれ,農業の不

作が続く。国民の不満が頂点に達する。国債制度などの整備をしたが，目に見える効果はなかった。大統領の立場はますます不利になっていく。だが，

> 民間の仕事に政府が介入しなければしないほど，全体的な繁栄のためにはよい。
> The less government interferes with private pursuits the better for the general prosperity.

というのが，ビューレンの基本的な考え方であった。皮肉にも民間の向上心に期待するという，この考え方が彼の再選をはばんだのである。1840年の大統領選で，ビューレンはホイッグ党のハリソンに大差で敗れることになる。

厳しい世論

　大不況の最中，なんら有効な対策を打ちだせなかったビューレンに対して世論は厳しかった。生活苦にあえぐ国民の怒り，不満は爆発寸前であった。
　特に新聞は，彼の無責任で傍観者的な態度を執拗に攻撃し，批判的な記事を書きたてた。
　ビューレンの苦悩は続く。つい，こんな愚痴をこぼした。

> どうして新聞はこんなにも，私を非難したがるんだろう？　私は，人に害を及ぼさぬよう，完全に善良な人間であるよう，そして，確固たる平和愛好者であるよう，努力しているのに。
> Why the deuce is it that they have such an itching for abusing me? I try to be harmless, and positively good natured, and a most decided friend of peace.

太陽はどちらから昇る？

　ビューレンは決断力に欠け，優柔不断なところが多かった。同僚の上院議員が彼をからかい「太陽は東から昇るのか？」と聞いた。ビューレンは真面目な顔で，こう答えたという。

> 上院議員，それは誰もがそう思っていると理解しております。でも私は，夜が明けたあとに起きるもので，なんとも言えないのです。
> I understand that's the common acceptance, Senator, but as I never get up until after dawn, I can't really say.

幻のファースト・レディー

　ビューレンの妻ハンナは，彼が大統領になる20年も前に死去している。昔のしきたりを重んずるおとなしい女性であったらしい。ビューレンはずっと男やもめをとおした。実際にファースト・レディーの役割を果たしたのは，長男の嫁，アンジェリカ・シングルトンである。

　1862年7月24日，ビューレンは自宅で79歳の生涯を終える。南北戦争のさなかだった。

coffee break

政治家というのは世界中どこでも同じだ。川がないところにさえ，橋を架けると約束をする。
Politician are same all over. They promise to build a bridge, even where there is no river. 　　（Nikita Khrushchev）

William Henry Harrison

ウィリアム・H・ハリソン

◆第9代大統領／ホイッグ党

在任期間：1841年3月4日～1841年4月4日
就任時の年齢：68歳
生没年：1773年2月9日～1841年4月4日（68歳）
ニックネーム：ティペカヌー（Tippecanoe）
　＊先住民族に勝利した土地の名から。
ファースト・レディー：Anna Tuthill Symmes Harrison
当時の日本・世界：駿河大地震（1841）

◆大統領に選出されて

ある何人かの人たちが，私のようなこんな田舎者を，愚かにもアメリカ合衆国の大統領にしようと考え，計画を練ってくれたのです。
Some folks are silly enough as to have formed a plan to make a president of the United States out of this clerk and clodhopper.

冒頭のジョークとは裏腹に，ハリソンは野暮ったい田舎者などではない。ヴァージニア植民地でも，ハリソン家は大変な名家なのである。家柄がいいだけではない。父親が「独立宣言」の署名者のひとりときている。だから，この謙虚すぎるジョークはハリソン流のパフォーマンスとも言える。

長すぎた就任演説

ハリソンは，在任期間が最も短い大統領である。1841年3月4日に大統領に就任するが1か月後に死去する。ホワイトハウスで

死んだ最初の大統領となった。

　就任式の日は，雪が舞い，とくに冷込みが厳しかった。寒風が容赦なく大統領，観衆の肌を突き刺す。

　就任演説の原稿は，ハリソン自らが書いた。格調高い演説にしたかったハリソンは，ゴーストライターが原稿を書くことを許さなかった。彼は相当に張り切っていたのである。だが，その内容はメリハリに欠け，ローマ史からの引用があまりにも多く，退屈で冗長なものであった。8445語という小説のような長い演説原稿。

　演説は延々と１時間45分にもおよぶ。彼はこのときすでに68歳。この当時としては最高齢の大統領である。にもかかわらず，側近のすすめに従わずに，コートも着ないし，手袋もはめない。そして，帽子もかぶらない。このあと，就任を祝う３つの祝賀会にも出席する。

　翌日，体の調子がおかしくなる。カゼをひいたのである。医者はありとあらゆる手を尽くす。だが，病状は悪化するばかりで一向に回復しない。カゼをこじらせ，急性肺炎になってしまう。1841年４月４日に死亡。

医者より軍人を選ぶ

　ハリソンは，1773年２月９日，ヴァージニア植民地チャールズ・シティ郡の大農園で生まれる。父親はベンジャミン・ハリソン。ジョージ・ワシントンの友人でもあり，教育にはすこぶる熱心であった。

　1790年，ハリソンはハンプデン・シドニー大学を卒業。軍人への憧れをいだいていたが，父は医学を学ぶことを強くすすめる。医学を学びはじめるが，父が死ぬと医学を放棄して陸軍に志願する。1791年，ヴァージニア義勇団の少尉となる。1795年，大尉に昇進。先住民との戦いで功績をあげ，国民的な英雄となる。

1800年，アダムズ大統領によりインディアナ・テリトリー（現在のイリノイ，ウィスコンシン，ミシガン，インディアナの4州）の初代知事に任命される。1816年に下院議員，1825年には上院議員に選出される。

　ジョン・クインシー・アダムズ政権下では，南米のコロンビア公使をつとめる。1836年に大統領選に立候補するが，ビューレンに大差で敗れる。大統領になることをあきらめ農園に戻る。

　捲土重来。1841年，宿敵，ビューレンを負かして大統領に選出される。選挙人票，ハリソン234票，ビューレン60票という圧倒的な勝利であった。

気さくなハリソン

　嵐の日，ある農夫がハリソンを訪ねてホワイトハウスにやってきた。だがスタッフはカーペットを汚してはいけないと思い，その農夫を部屋のなかには入れなかった。これを知ったハリソンは怒って，スタッフにこう言いつけたという。庶民的で気さくなハリソン！

> この次はカーペットのことなど気にするな。その男は人民のひとりだ。そして，カーペットとホワイトハウスもまた，人民に属する。
>
> Never mind the carpet another time. The man is one of the people, and the carpet and the White House, too, belong to the people.

予言者としてのハリソン

　長い就任演説をしたため命まで落としてしまったが，彼は預言者でもあった。それは就任演説のなかで，やがてくるであろう南

北戦争の勃発を明確に予測しているからである。

一つの州が別の州の制度を管理しようとすれば，それは不信やねたみの感情を招く。そのことが国の分裂，暴力，内戦へとつながっていき，結果的には自由な制度を決定的に破壊させることになる。
The attempt of those of one State to control the domestic institutions of another can only result in feelings of distrust and jealousy, the certain harbingers of disunion, violence, and civil war, and the ultimate destruction of our free institutions.

就任演説を張り切りすぎたハリソンの最後のことばは，

政府というものの真の原則を理解してほしい。真の原則が実現されんことを望む。私はこれ以上なにも求めない。
I wish you to understand the true principles of the Government. I wish them carried out. I ask nothing more.

というもの。崇高な政治理念である。ちなみに，ハリソンの孫，ベンジャミン・ハリソンは，第23代の大統領である。

coffee break ....•........•........•........•........•........•

有能な外交官とは，女性の誕生日は忘れず，彼女の年齢を忘れている人のことである。
A competent diplomat is a man who remembers a woman's birthday and forgets her age.

....•........•........•........•........•........•........•

ジョン・タイラー

John Tyler

◆第10代大統領／ホイッグ党

在任期間：1841年4月4日～1845年3月4日
就任時の年齢：51歳
生没年：1790年3月29日～1862年1月18日（71歳）
ニックネーム：タナボタ閣下（His Accidency）
ファースト・レディー：Letitia Christian Tyler
　　　　　　　　　　Julia Gardiner Tyler
当時の日本・世界：オランダ軍艦長崎に来航（1844），ドミニカ共和国，ハイチより独立（1844）

> ◆人気について
> いつも思うんだが，人気というやつは，あだっぽい女みたいなもんだ。夢中になって口説いて，抱きしめようとすればするほど，うまく逃げられてしまう。
> Popularity, I have always thought, may aptly be compared to a coquette —the more you woo her, the more apt is she to elude your embrace.

社会が不安定な激動の時代には，大統領として一定の人気を維持することは至難の業であると思う。上記がタイラーによる「人気」というものの感想である。それにしても，なんと巧みな比喩であろうか！

タナボタ閣下

世論，世間の目はとかく辛辣で厳しいもの。「タナボタ閣下」とは，タイラー大統領につけられた，本人にしてみれば屈辱的で

有り難くないニックネームである。

しかし、これは無理もない話で、前任のハリソン大統領が急逝したことにより、副大統領だったタイラーが大統領に昇格したからである。彼は副大統領から昇格した最初の大統領であり、客観的に見てやはり「タナボタ」であったのである。

不備な憲法

ハリソンが死去したとき、タイラーは自宅の庭で子どもとゲームをやって遊んでいた。大統領死去の報せを受け、友人からお金を借りて、大統領就任宣誓のためにワシントンに向かったという。

しかもこの当時は、大統領が任期中に死亡したとき、副大統領にいかなる権限が生じるかについて、憲法の規定が明確ではなかった。だから、タイラーが大統領になるのか、副大統領のまま職務を代行するのか、大いに議論されたのである。しかしタイラーは、きっぱりと断言した。

> 私は全権を託された大統領であり、これに対するいかなる反対意見も受け入れない。
> I am the chief executive, fully vested with the office's powers, and I accept no arguments to the contrary.

スピード出世

タイラーは、1790年3月29日、ヴァージニア州チャールズ・シティ郡に生まれる。父親は農園主であり、判事でもあった。後にヴァージニア州知事にもなっている。母はタイラーが7歳のときに亡くなった。

12歳でウィリアム・アンド・メアリー大学に入学。その後、法律を学び、19歳で弁護士の資格を得る。秀才であり、早熟であっ

た。21歳の若さでヴァージニア州議会議員に選出される。日本でいえば，まだ大学3年生である。

1816年，26歳のときに連邦下院議員に選出される。1825年には父親と同じくヴァージニア州知事に就任し，2期つとめる。弱冠35歳。とんとん拍子で，37歳で上院議員となる。政治の世界でいかにスピーディに出世するか，その見本を示しているようなものである。

だが，タイラーの政権運営は順当なものではなかった。政局が混沌とした状況であったからだ。国立銀行の再開，関税改革案などに，タイラーは大統領に与えられている拒否権を頻繁に行使した。議会との対立が深まる。内閣がバラバラになる。ついに，ひとりの閣僚を除いて，全員が辞任してしまうという事態になってしまう。

2度の結婚

タイラーは2度結婚している。最初の結婚は熱烈な恋愛結婚であった。相手のレティーシアにこんなくすぐったくなるようなラブレターを書いている。

> あなたを幸せにすることだけが，いま，僕にとってのたったひとつの目的です。あなたへの僕の愛は，決して消えることはありません。
>
> To ensure your happiness is now my only object. I shall never cease to love you.

子どもは宝物，そして今が青春

1842年，大統領在任中，最初の妻，レティーシアが死去。2年後に，23歳のジュリア・ガーディナーと再婚。なんと，30歳も年

下の美人である。前妻とのあいだにはすでに8人の子どもがいた。ジュリアとのあいだにも7人の子どもができる。全部で15人と、子持ち数では、歴代大統領でだんとつの1位である。

子宝に恵まれたタイラー。彼にしか言えない率直な喜びのことばとは？

私の第1の宝物は子どもたちです。
My children are my principal treasure.

まわりの人たちから「娘のような若い女性を妻にして，結婚生活をおくるのは大変ではないか」とひやかされて，タイラーは余裕の笑みを浮かべながら，胸をはってこう答えたという。

なにをおっしゃいますか。私はね，今が青春まっさかりなんだよ。
Why, my dear sir, I am just full in my prime!

山あり谷ありの政権運営だったが，タイラーはテキサス併合，海軍の全面的再編，全国気象台の基礎づくり，中国との条約締結によるアジアとの初の関係確立などの歴史的な業績を残している。

1862年1月18日，南北戦争中に死亡する。享年71。しかし，彼の死は公表されることはなかった。

coffee break

政府に金と権力を与えることは，10代の若者にウイスキーと車のキーを与えるようなものだ。
Giving money and power to the government is like giving whiskey and car keys to teenage boys.　　　（R. J. O'Rourke）

James Knox Polk

ジェームズ・K・ポーク

◆第11代大統領／民主党

在任期間：1845年3月4日〜1849年3月4日
就任時の年齢：49歳
生没年：1795年11月2日〜1849年6月15日（53歳）
ニックネーム：ヤング・ヒッコリー（Young Hickory）
　　　　　　　ナポレオンもどき（Napoleon of the Stump）
ファースト・レディー：Sarah Childress Polk
当時の日本・世界：イギリス船琉球に来航（1845），カリフォルニアで金鉱発見（1848）

◆大統領の職務について

大統領の職務を誠実かつ良心的に務めれば，誰だって遊ぶ時間などなくなる。

No president who performs his duties faithfully and conscientiously can have any leisure.

仕事人間

　仕事人間はどこの国でもいるもの。ポークは典型的な仕事一筋の人間だった。仕事に没頭することが，唯一の趣味であるかのごとく生きたのである。

　それゆえ，夏の最中にホワイトハウスで過ごしたのはポーク大統領だけだという。その証拠に，在任中は首都ワシントンを離れることはほとんどなく，4年間でホワイトハウスを不在にしたのは，たったの6週間だけという記録（？）をもっている。

　妻の助言もあり，社交的な催しでは一切のダンスを禁止した。ディナーからはアルコールを追放。遊び心はまったくなし。そし

て，サラ・チルドレス夫人とのあいだには子どもがいなかった。

そういう大統領だからこそ，冒頭のことばとなる。大統領としてはめずらしく，ユーモア感覚に欠けていたと言われるポークだが，生真面目さをとおりこしたこの種の発言は，解釈の仕方によってはすぐれたジョークになり得る。

ニックネーム

ポークのニックネームは，Old Hickoryと呼ばれた第7代ジャクソン大統領のお気に入りだったことから，「ヤング・ヒッコリー」（Young Hickory）ということになった。Hickoryは「堅いクルミ科の木材」である。ちなみに第14代大統領のピアースもジャクソン2世の意味でYoung Hickoryと呼ばれた。

また，ポークは「ナポレオンもどき」（Napoleon of the Stump）と呼ばれることもあった。確信をもって語る，その演説のやり方が，ナポレオンそっくりだったからである。

勉学と読書の少年時代

ポークは，1795年11月2日，ノースカロライナ州のパインビルに10人兄弟の長男として生まれる。母も父もアイルランド系。父は広大な土地を所有し，開拓農民として成功していた。ポークは幼少のころから体が弱かったので，家の仕事を手伝うことができなかった。雇われた家庭教師のもとに本ばかり読んで過ごす。

1815年，ノースカロライナ大学に入学。その後，法律を学び，1820年，25歳のときに弁護士の資格を得て，テネシー州で開業する。何事にも熱心で有能な弁護士としての評判を得た。

領土を拡張した大統領

1823年，テネシー州議会議員になり，上院議員だったアンドリ

ュー・ジャクソンと知り合う。1825年，民主党から連邦下院議員に選出される。ジャクソン政権時代には下院議員議長をつとめ，大統領を支えた。1839年，テネシー州知事に選ばれる。

1844年の大統領選で，ポークは民主党の候補に選ばれる。対抗馬はホイッグ党のヘンリー・クレー。辛うじて勝利をものにし，49歳という，当時としては最年少の大統領となった。在任期間が1期だけというのも，ポークならではの公約である。

大統領としてのポークの業績は，国家財政の確立，自由貿易の拡大などがあげられる。だが最大の業績は，メキシコとの戦争でアメリカの領土をとてつもなく拡大したことであろう。今日でいえば，アリゾナ，コロラド，ネヴァダ，ニューメキシコ，カリフォルニアなどの州を獲得したのである。

握手を科学的に研究する

アメリカの大統領になるためには，様々な能力，資質が要求されるが，まずは，握手に強くなくてはならない。握手の数が票の数につながると言われているからだ。ポークは「握手の科学的研究」を発表した，ただひとりの大統領である。

> 男が握手をしようと手を差し出すときに，幾人かには横に振られ，ほかの人たちからは縦に振られ，またほかの人にはぎゅっと握られたりすると，どうしてもかなりつらい思いをするだろう。ただし，握手で振りまわされるのではなく，こちらが握りの主導権をとり，相手がぎゅっと握ってきたら，相手の手を同じくらいにぎゅっと握り返してやるようにつねに心がけていれば，握手で迷惑を被ることはない。
> If a man surrendered his arm to be shaken, by some horizontally, by others perpendicularly, and by others again

with a strong grip, he could not fail to suffer severely from it, but that if he would shake and not be shaken, grip and not be gripped, taking care always to squeeze the hand of his adversary as hard as he squeezed him, that he suffered no inconvenience from it.

ホワイトハウスを去る

　大統領の2期目には出馬しないことを前もって宣言していたポークは，淡々としてホワイトハウスを去った。こんなことばを残して…。

私はまもなく召使であることはやめて，君主になる。
I will soon cease to be a servant and will become a sovereign.

　ポークは，1849年6月15日，退任してからわずか3か月後に死去する。力のすべてを使い果してしまったのであろう。そういう意味では，気の毒にも過労死した大統領と言える。まだ53歳という若さであった。

coffee break

たいへん残念なことに，どのようにして国を切りもりしていくかを知っている人たちは，みんなタクシーを運転したり，人の髪を切ったりして忙しいんだ。
Too bad all the people who know how to run the country are busy driving taxicabs and cutting hair.　　（George Burns）

Zachary Taylor

ザカリー・テイラー

◆第12代大統領／ホイッグ党

在任期間：1849年3月4日～1850年7月9日
就任時の年令：64歳
生没年：1784年11月24日～1850年7月9日（65歳）
ニックネーム：暴れん坊おやじ（Old Rough and Ready）
　　　　　　＊軍人時代につけられたニックネーム。rough and ready は「大胆な，乱暴な」の意。
ファースト・レディー：Margaret Mackall Smith Taylor
当時の日本・世界：江戸大火（1850），ドーバー・カレー間に海底ケーブル開通（1850）

◆大統領選に出馬をすすめられて

そんなことはまったく考えたこともない。正気の人間なら誰も考えるとは思えないね。
そんな馬鹿げた話は止めて，酒でも飲もう。
Such an idea never entered my head. Nor is it likely to enter the head of any sane person.
Stop your nonsense and drink your whiskey!

　テイラーがこういうのも無理はない。軍人一筋の人生をおくり，中央，地方ともに政治家としての経験はゼロ。政治のイロハもわからない人間が，戦争英雄ということでいきなり大統領への出馬を要請されたのである。

初の軍人大統領

　軍人になるために生まれてきたような男。それがテイラーであ

る。子どものころ、すでにライフル銃の操作法を知っていたというから驚きだ。成人してからも、酒もタバコもやらなかった。ただし、嚙みタバコだけは好んでいた。

テイラーは、1784年11月24日、ヴァージニア州モンテベローで軍人の家に3男として生まれる。生後まもなく、ケンタッキー州ルイヴィルへ移住。父は退役していたが、独立戦争のさなかにはワシントンのもとで陸軍中佐をつとめている。

テイラーは家庭教師に教わった以外には、正規の教育を受けたことがないようだ。学歴がまったくわからないのである。

演説、文章を書くことが苦手で、スピーチの原稿だけでなく、手紙も他の人たちに代筆を依頼したという。

華々しい軍人歴

学歴とは裏腹に、テイラーは軍人としては華々しい経歴をもっている。24歳で陸軍に入隊すると、わずか2年後に大尉に昇進。米英戦争で活躍。いちど軍から離れるが、1816年に復帰し大佐に昇進する。

1846年、メキシコ軍の大部隊に圧倒的な勝利をおさめて国民的な英雄となる。ほとんど全生涯を軍人として過ごしたようなものである。軍人としても中立を守り、大統領の選挙では1度も投票に参加したことがない。

面白いことに、テイラーは根っからの軍人であるにもかかわらず、服装には無頓着で軍服を着ることが嫌いだった。いつもよれよれのみすぼらしい服装である。おまけに足が短く、馬に乗るときには人の助けを必要とした。

1848年、ホイッグ党の候補として大統領選に出馬する。民主党候補のルイス・キャス、強敵の元大統領ヴァン・ビューレンを破り、大統領の座を獲得する。

軍人大統領テイラーの戦争についての考え方は明確である。

> 私は，自分の全生涯を軍に捧げてきた。けれど，いかなるときでも，いかなる状況のもとでも，戦争は国家の大惨事だと考えてきた。もし国家の名誉に相反することさえなければ，戦争は避けるべきものである。
> My life has been devoted to arms, yet I look upon war at all times, under all circumstances, as a national calamity, to be avoided if compatible with national honor.

選挙運動のさなか

テイラーは，麦藁帽子をかぶり，みすぼらしい手作りの背広を着て選挙運動をしているとき，ある若者から農夫と見間違われた。そのときのテイラーはいたって低姿勢で，やさしい声で相手をこうさとしている。

> 見知らぬ人を服装だけで判断してはいけないよ。
> Never judge a stranger by his clothes.

大統領になったテイラーには難問が待ち構えていた。奴隷制をめぐり，南北間の対立が激しさを増してきていたのである。だが，軍人出身のテイラーは，奴隷州と自由州とのあいだに挟まれ，大統領としてはなんら指導的な役割を果すことができなかった。

愛妻家テイラー

私生活では彼は，繊細な心をもつ愛妻家であった。健康が損なわれた妻にたいして，こんな感想を洩らしている。

> 私は今まで，妻の心ほど，女性の美徳が凝縮されているのを見たことがない。

I am confident the feminine virtues never did concentrate in a higher degree in the bosom of any woman than in hers.

最後まで軍人

1850年7月9日,就任後,1年4か月で死去する。医者はコレラと診断したが,死因としてはキュウリ,サクランボの食べ過ぎという説もある。在任中に病気で死去した2番目の大統領である。

ある政治家の話によれば,テイラーの葬儀は酒あり喧嘩ありで,どんちゃん騒ぎのなかで行われたという。なぜ喧嘩まで行われたのか。それは「オールド・ザックは偉大な戦士だったから」(Old Zac was a great fighter.) だという。

テイラーは死の床で,こうつぶやきながら息を引きとった。

私はいつも職責を果たしてきた。死ぬ準備はできている。ただひとつだけ残念に思うことは,後に残る友人たちに対するものだ。
I have always done my duty. I am ready to die. My only regret is for the friends I leave behind me.

葬儀は国葬であったが,そこには,もともと政治を極端に嫌っていた未亡人の姿はなかった。

coffee break

メディアについて不満を述べる政治家は,海について不満を述べる船長のようなものだ。
Politicians who complain about the media are like ship's captains who complain about the sea.

Millard Fillmore

ミラード・フィルモア

◆第13代大統領／ホイッグ党

在任期間：1850年7月9日〜1853年3月4日
就任時の年令：50歳
生没年：1800年1月7日〜1874年3月8日（74歳）
ニックネーム：タナボタ閣下（His Accidency）
ファースト・レディー：Abigail Powers Fillmore
当時の日本・世界：ペリー提督，浦賀に来航（1853），ナポレオン3世即位（1852）

> ◆オックスフォード大学からの名誉博士号を辞退して
>
> 私は古典教育の恩恵を受けておりません。ですから私の考えでは，自分で読めもしない学位証書を受け取るのは，誰であれ断るべきだと思うのであります。
> I had not the advantage of a classical education, and no man should, in my judgement, accept a degree he cannot read.

ホワイトハウスを去ってから，フィルモアは1855年，イギリスを訪問した。そのとき，オックスフォード大学が名誉学位を授与したいと申し出たが，彼は丁重にそれを断った。

せっかくの好意を無視されたと憤慨したオックスフォードの学生たちが「フィルモアって何者だ」「彼はなにを成しとげたんだ」とデモをするのではないかとフィルモアは恐れたという。

独学ですべてを成しとげた彼にとって，いくら名誉とはいえ，形式的な学位は受け取れなかったのかもしれない。ちなみに，オックスフォードの博士号証書はラテン語で書かれている。

ペリー提督の日本派遣を訓令

フィルモアは極貧の農家に生まれたが、血のにじむような努力を重ね、ついに大統領にまでのぼりつめた。彼こそが、まさにアメリカン・ドリームの体現者であったのだ。

また歴史的に、日本と最も関係の深い大統領といえばフィルモアである。彼は、東インド艦隊司令官であるペリー提督を東の遠い国、日本に派遣したのである。

1853年、ペリーはフィルモアの親書を携え、黒船艦隊を率いて浦賀沖にやってきた。翌年、ピアース大統領のときに日米和親条約が締結される。ここに鎖国日本は、ついに開国させられることになった。これによって、日本とアメリカとの通商の道が開かれることになる。

独学の人

フィルモアは、1800年1月7日、ニューヨーク州バッファローの農家の家に生まれる。家が貧しかったので、正規の教育はほとんど受けていない。身近にあった教科書といえば聖書と賛美歌だけ。幼いころから家の仕事をよく手伝った。

15歳のとき、商家や仕立屋などの見習いになるが、苛酷な労働を強いられる。雇い主と対立し、商家を追い出されてしまう。しかし、フィルモアは向学心に燃えて「あきらめない不屈の少年」であった。暇さえあれば、本を読みひとりで勉強したのである。

幸運の女神が現れる

そういう少年であるからこそ、幸運の女神が微笑むことになる。フィルモアは背が高いだけでなく、とびきりのハンサムだった。女神とは、フィルモアの村に教師として赴任してきた女性教師のことである。彼女は、法律、聖書、文学から数学にいたるまで、

フィルモア少年に熱心に教えた。

やがて、2人のあいだに恋がめばえる。彼女の名は、アビゲイル・パワーズ。彼よりも1歳年上。フィルモアの旺盛な向学心がアビゲイルの心をとらえ、彼女は後にフィルモアの妻となる。読書家であった彼女は、ホワイトハウスに最初に図書室をつくった人でもある。夫婦は2人の子宝に恵まれた。

アビゲイルに法律を習ったおかげで、フィルモアは法律事務所で働けるようになる。ここで法律の勉強にみがきをかけ、18歳のとき、州判事の書記になる。23歳で弁護士の資格を得て開業。すべては独学の成果であり、アビゲイルのおかげでもある。

> 私はひとりの若い女性と一緒に多くの勉強に没頭し、この交際からおそらく無意識に刺激を受けていた。この女性とは、後に結婚することになった。
>
> I pursued much of my study with, and perhaps was unconsciously stimulated by the companionship of a young lady whom I afterward married.

理想と現実の狭間で

1829年、29歳でニューヨーク州議会議員に選出される。32歳で下院議員に当選し、ホイッグ党に入る。44歳でニューヨーク州知事に出馬するが落選。1848年、ホイッグ党の指名を受けてテイラー政権の副大統領となる。

1850年、テイラー大統領の急死により大統領になる。副大統領から昇格した2人目の大統領である。それゆえ、彼もまた「タナボタ閣下」というニックネームをつけられた。

フィルモアが政権をとったころは、奴隷制度拡張問題をめぐって南北間の対立が激しくなるばかりであった。彼は奴隷制度に対

しては明確な反対の立場をとらなかった。いや，とれなかったのである。「奴隷制度は悪いことだが，制度が存在する限り，それを守る必要がある」というのが彼の考え方だった。国家の分裂を防ぐには，仕方のないことだと考えていたのである。

だが，フィルモアは「逃亡奴隷取締法」をあまりにも厳格に実施したため，非人道的との非難を浴びる。これが命とりとなり，大統領に再選されることはなかった。

選挙に敗れたあとで

一度下野後に再起を期すが，1856年に行われた大統領選挙の選挙人票は，ブキャナン174票，フレモント114票に対して，フィルモアはわずかに8票であった。惨敗のあと，彼はつぶやく。

> 神よ国を救い給え。人民には国を救えないことがはっきりしたから。
> May God save the country, for it is evident that the people will not.

フィルモアは，引退後は地元のバッファローで病院を創設したり，バッファロー大学の初代の学長をつとめ，1874年3月8日に死去。遺産の一部を孤児院，慈善事業に寄付している。

coffee break

政治家の演説のための3つの黄金律。立て。大きな声で話せ。だまれ。
There are three golden rules for political speakers: Stand up. Speak up. Shut up.

Franklin Pierce

フランクリン・ピアース

◆第14代大統領／民主党

在任期間：1853年3月4日～1857年3月4日
就任時の年齢：48歳
生没年：1804年11月23日～1869年10月8日（64歳）
ニックネーム：ハンサム・フランク（Handsome Frank）
　　　　　　　グラニット・ヒルズのアンドリュー・ジャクソン2世
　　　　　　　（Young Hickory of the Granite Hills）
　　　　　　　＊アンドリュー・ジャクソンの綽名はOld Hickory
ファースト・レディー：Jane Means Appleton Pierce
当時の日本・世界：日米和親条約調印（1854），クリミア戦争（1853）

◆退任した大統領は，なにをなすべきかと聞かれて

なにもない。…酔っ払うだけだ。
There's nothing left...but to get drunk.

生い立ち

　ピアースは，1804年11月23日，ニューハンプシャー州ヒルズボロー郡で生まれる。裕福な家庭で育った。子どものころは親切で，我をはることなく誰からも好かれた。父親はニューハンプシャー州知事をつとめた人物である。

　父からは独立戦争の話を，兄からは米英戦争の話を聞かされて育ち，彼は軍人の生活に興味をもつようになったという。

　1820年，15歳でメーン州にあるボードイン大学に入学する。彼はここで小説家のナサニエル・ホーソン，詩人のヘンリー・ワズワース，ロングフェローらと共に勉強した。その後，法律を学び

弁護士の資格を得る。

政治家への道

1829年，25歳で州議会議員になる。33歳で史上最年少の上院議員に選出される。1846年メキシコ戦争がはじまると従軍して戦功をあげ，准将となる。1850年，ニューハンプシャー州憲法制定会議の議長をつとめる。

1852年の民主党大会で，大統領候補の指名獲得競争は激化したものの，紆余曲折をへてピアースが大統領候補に選出される。ハンサムであったことが功を奏したとか。対抗馬はホイッグ党のウィンフィールド・スコット将軍だった。メキシコ戦争のときの，かつてのピアースの上司であり指揮官である。

しかし，就任後は北部と南部の対立が激化していくなか，議会の運営もままならなくなる。つい，こんな愚痴がとびだす。

100人以上のしゃべくり弁護士のいる議会では，どの論争も結末が計算できない。
In a body [Congress] where there are more than one hundred talking lawyers you can make no calculation upon the termination of any debate.

ニックネーム

ピアースには，2つのニックネームがある。「ハンサム・フランク」(Handsome Frank)と「グラニット・ヒルズのアンドリュー・ジャクソン2世」(Young Hickory of the Granite Hills)である。

精悍でひきしまった顔立ち。ぴんと通った鼻筋。そして，相手を温かく包み込むようなやさしい眼差し。背も高く，ピアースは

たしかに「いい男」である。

また，第7代大統領のアンドリュー・ジャクソンは演説の名手であった。ピアースも演説がうまい。その親しみを感じさせる演説のうまさは，ジャクソンをしのぐほどであったということで，こんなニックネームがつけられたのである。

ジェーンとの結婚

ピアースが妻となるジェーンを知ったのはお互いが学生のときであった。2人はボードイン大学の図書館で勉強をしていた。突然，天気がくずれ雷雨になった。なぜかジェーンは外に飛び出す。雷が鳴り，ジェーンは大木の下に避難。ピアースは言った。

> 雷雨のときは，ここがいちばん危険な場所です。
> You are in the worst possible place for an electric storm.

これが2人のロマンスの始まりとされている。

息子を失う

ピアースには3人の男の子がいた。生後まもなく長男が死亡。次男も4歳で死亡。さらに悲劇は続く。大統領就任式の2か月前，家族で旅行をしているときに，列車の脱線事故でひとり残った最愛の息子を失っている。

息子ベンジャミンは11歳であった。目の前での息子の死に，ピアースは悲しみのあまり，いちど断ちきった酒にまた手をだした。アルコール依存症になり，酒におぼれる毎日。

雪の就任式

1853年3月4日，就任式は激しく雪が降るなかで行われた。そこに妻ジェーンの姿はなかった。息子を失い，癒されることのな

い悲しみのなかで、ピアースは就任演説で、こんなことを言ってしまう。

> 天は力の抜けた私を召喚された。どうぞ、私に天のお力添えを。
> You have summoned me in my weakness. You must sustain me by your strength.

再びペリー派遣

　1854年、ピアース大統領の命でペリーが再び来航している。このとき、一行はおみやげに汽車や電信の模型をもってきて、江戸時代の日本国民を驚かせた。実際に日米和親条約が締結されたのは、ピアースの時代なのである。

　その時代はまたアメリカで南北の対立が激しくなり国内の亀裂が拡大したときであった。酷な言い方だが、社会的な状況が不安定な時代に国の最高責任者が決断力に乏しく、優柔不断で指導力に欠けていれば、国家の混乱は免れない。そのいい例を示したのが、人のよいピアース大統領であった。

　1869年10月8日、ピアースは胃炎のため、この世を去る。遺産は親族だけではなく、多くの友人、親戚、慈善事業の団体にも配分された。享年64であった。

coffee break

政治家に地獄へ行けといってもムダである。政治家は今、われわれ国民のために地獄を建設しようとしているところだから。
It is no use telling politicians to go to hell—they are trying to build it for us now.

James Buchanan

ジェームズ・ブキャナン

◆第15代大統領／民主党

在任期間：1857年3月4日〜1861年3月4日
就任時の年令：65歳
生没年：1791年4月23日〜1868年6月1日（77歳）
ニックネーム：10セントのジミー（Ten-Cent Jimmie）
　　　　　　＊1856年の演説中の発言「働く人間は1日10セントあれば暮らせる」から。
ファースト・レディー：Harriet Lane（姪）
当時の日本・世界：日米修好通商条約締結（1858），イタリア統一戦争開始（1859）

◆後任のリンカーン大統領に対して

親愛なる貴君に申し上げるが，もし私がここを去るのを幸せに思うのと同じくらい，貴君にとってホワイトハウスに入ることが幸せであるとすれば，貴君はじつにいちばん幸せな方だと思いますよ。

My dear, sir, if you are as happy on entering the White House as I am to leave it, you are the happiest man on earth.

皮肉ともとれるが，南北戦争が勃発する直前というアメリカ史のなかで，政治的に最も困難な時期に政権を担った，ブキャナンならではのユーモラスなことばである。

生涯独身の大統領

ブキャナンは婚約者が自殺したため，生涯を独身でとおした大統領である。下院議員のときに，容姿端麗のアン・コールマンと

恋に陥り婚約をした。彼女は億万長者の娘であった。

　だが，彼が公務出張中にあらぬ噂が町に流れる。あらぬ噂とは，ブキャナンは金を目当てに彼女と婚約をしたのではないかというもの。それをまともに信じた彼女は婚約を解消してしまう。そして絶望のあまり，服毒自殺をしてしまったのである。

　後にブキャナン大統領は，訪ねてきた女性たちから「ホワイトハウスには女性がいないの？」と聞かれて，こう答えている。

> それは私の不運であって，私の落ち度ではない。
> That is my misfortune, not my fault.

不良から心機一転，弁護士に

　ブキャナンは，1791年4月23日，ペンシルヴェニア州コウブ・ギャップで10人兄弟の長男として生まれる。父はアイルランドから移民してきたスコットランド人だった。母は自分が無学なゆえに，子どもの教育にはことのほか熱心だったという。

　1807年，16歳のときにディキンソン大学に入学。酒やタバコをおぼえ，素行不良で退学処分を受けるが，復学が許される。おおいに反省して法律の勉強に没頭し，弁護士の資格を得る。

政界入り

　1814年，ペンシルヴェニア州議会議員，連邦下院議員を10年つとめる。1831年，アンドリュー・ジャクソン大統領によりロシア公使に任命される。1834年，上院議員に当選。

　ポーク政権下では国務長官をつとめる。メキシコから独立後のテキサス併合，オレゴン領有問題をめぐるイギリスとの紛争を解決し業績をあげる。

　ピアース政権下ではイギリス大使に任命され，3年間滞在する。

このため，国内で紛糾していたやっかいな奴隷問題に直接関与することは避けられた。

難しい大統領の立場

　1856年，民主党の大統領候補に指名され，共和党のジョン・フレモントを破る。だが，この時期に奴隷問題は重大な危機に直面していた。ブキャナンは南北戦争が勃発する直前の，最も困難な時期に政権を担ったのである。

　大統領としては毅然たる態度を取ることができず，臆病で弱気であった。そのうえ，適切な判断力を欠き，指導力を発揮できなかった。奴隷賛成派と反対派のはざまで揺れ動くブキャナン。

　南北の対立が激しくなるなか，自分の態度を明確にすることができず，なす術がなくなったブキャナンは苦しまぎれに，こんなことを言う。

> 何が正しいか，実行できるのは何か，この二つは互いに違ったものである。
> What is right and what is practicable are two different things.

　ブキャナンは奴隷制度は正しいことだと思ってはいなかったが，さりとて，すでに奴隷制度が存在している州に対しては，現実を直視して干渉すべきではないと考えていたのである。

酒を愛した大統領

　ブキャナンはなによりも酒を愛した。ワイン，シェリーとなんでも飲んだが，特にウィスキーが好きだった。酒には強かった。一晩飲みっぱなしでも，酔い潰れることはなかったという。独身生活を酒でまぎらわしていたのかもしれない。

　ホワイトハウスに配達されたシャンパンの瓶が小さすぎると

いって，酒屋にこんな文句を言っている。

> ここではパイント（0.47リットル）瓶では不便だ。なにせたくさん使うからな。
> Pints are very inconvenient in this house, as the article is not used in such small quantities.

日本人が初めて会った大統領

　ブキャナンは，1860年，日米修好通商条約批准のため太平洋を渡ってきた徳川幕府使節団に謁見している。80人の使節団はチョンマゲ姿で刀をさし，馬車でニューヨークのブロードウェイを行進した。

　物めずらしさも手伝い，押しよせる群衆の波。歓迎と歓喜の声をあげる見物人。それに対して手をあげて応えるサムライもでる始末。一行はホワイトハウスに招待され，大歓迎をうける。

　また，ブキャナン在任中に大西洋に海底電線が敷設され，イギリスのヴィクトリア女王がブキャナン大統領に最初の海外電報を送ったという。

　1868年6月1日，ペンシルヴェニア州ランカスターで死去。遺産の一部をお手伝いの人にまで譲渡しているところが，誠実なブキャナンの人柄をよくあらわしている。

coffee break

丸太小屋で生まれたことにするか，まぐさ桶のなかで生まれたことにするかを決めかねて思い悩んでいる政治家もいる。
Some politicians have troubles deciding whether were born in a log cabin or in a manger.

Abraham Lincoln

エイブラハム・リンカーン

◆第16代大統領／共和党

在任期間：1861年3月4日〜1865年4月15日
就任時の年令：52歳
生没年：1809年2月12日〜1865年4月15日（56歳）
ニックネーム：正直者のエイブ（Honest Abe）
　　　　　　　偉大なる解放者（The Great Emancipator）
ファースト・レディー：Mary Todd Lincoln
当時の日本・世界：生麦事件（1862），奴隷解放宣言発布（1863）

◆天然痘にかかったとき，側近にこんなことを言って楽しんだという。

大統領の地位を狙っている連中にすぐに来るよう伝えてくれ。今なら全員に与えてやれるものがあるから。
Tell all the office seekers to come in at once, for now I have something I can give to all of them.

すべて独学

　ひとつの夢をずっと追い続ければ，それはやがて実現するものであること，本気になって努力をすれば，チャンスが到来することを身をもって示してくれたのが，リンカーン大統領であろう。

　リンカーンは，1809年2月12日，ケンタッキー州の開拓村の一部屋しかない丸太小屋で生まれる。正規の学校教育を受けたのはたったの1年。あとは郵便配達員，水夫，店員などをやりながらすべて独学である。

　9歳のときに母を失う。28歳のときに弁護士の資格を獲得したが，これもイリノイ州議会の下院議員をつとめながらの独学。

1846年，連邦下院議員に選出され，中央の政界に進出する。すべて独学でなしとげたリンカーンは，こんなことばを残している。

私はゆっくり歩くが，決して後戻りはしない。
I'm a slow walker, but I never walk back.

最も偉大な大統領

リンカーンは時代を超えて，最も偉大な大統領という評価を受けている。それもそのはず，南北戦争（1863〜65）はアメリカ史上最大の悲劇であったが，リンカーンは国家分裂という最悪の事態を回避することに成功したのである。

卓越した指導力がいまなお高い評価につながっているのは国家崩壊の危機のときに，その救済者であったからだ。

日本でも，リンカーンは最も名の知れた大統領のひとりであろう。子ども向けの伝記にはかならずリンカーンが入っている。

そして，リンカーンといえばなんといってもゲティスバーグ演説の最後の部分である。国の再生を誓うリンカーンの意気込みが凝縮されている。

人民の，人民による，人民のための政治は，いかなることがあろうともこの地上から滅び去ることはない。
The government of the people, by the people, for the people, shall not perish from the earth.

抜群のユーモア感覚

最悪な状態のときに発揮されたのが，ユーモアあふれる発言である。リンカーンは卓越したユーモア感覚の持ち主であった。彼ほどユーモアの効用を強調した大統領はいない。ジョークの効用について，こう述べている。

ちょっとしたジョークを言わなかったら、私は国を背負うという重荷に耐えることができなかったであろう。
Were it not for my little jokes, I could not endure the burdens of my country.

私は泣いてはいけないから笑うのだ。
I laugh because I must not cry.

　リンカーンの笑いの哲学は「(笑いは) 楽しくて美しく，万国共通の人生の光」(the joyous, beautiful, universal evergreen of life) というもの。そして，リンカーンと言えば，醜男，つまり，ルックスがひどいということでなにかと話題にされた。
　政敵，スティーヴン・ダグラスとの討論会で「あなたは二つの顔をもっている」とやり込められ，即座に，こんなジョークでやり返す。

もし私にもうひとつの顔があるなら，今の顔のままでいると思いますか？
If I were two-faced, would I be wearing this one?

　ことあるごとに醜男とこきおろされ，からかわれたリンカーンだったが，自分の欠点をジョークにしてしまう心の余裕があった。いたずらに感情的にならず，笑いを武器に相手の攻撃を巧みにかわしてしまう。
　1856年7月17日，スプリングフィールドで行われた演説でも，こんなことを言って聴衆を笑わせる。

私が大統領になろうなどとは，誰も思わなかっただろう。貧弱で，痩せて，細長い顔に，キャベツが芽をふいているのを見た者もいない。

Nobody has ever expected me to be President. In my poor, lean, lanky face, nobody has ever seen that any cabbages were sprouting out.

この場合の「キャベツの芽」は，比喩的に「将来の褒賞の見込み」の意味で使われている。

最後に，奴隷制の拡大に反対し続けたリンカーンの崇高な理念を紹介しておきたい。

私は奴隷になりたくないがゆえに，主人にもなりたくない。これこそが，私の民主主義の理念である。
As I would not be a SLAVE, so I would not be a MASTER. This expresses my idea of democracy.

1865年4月14日，リンカーンは劇場で凶弾に倒れ，翌日，死去する。5ドル紙幣にはリンカーンの肖像画が印刷されている。

coffee break

父親：エイブラハム・リンカーンはお前の年には，毎日10マイル歩いて学校に通ったんだぞ。
息子：本当？ でも，リンカーンはお父さんの年には大統領になっていたよね。
Father: When Abraham Lincoln was your age, he used to walk ten miles everyday to get to school.
Son: Really? Well, when he was your age, Lincoln was President.

Andrew Johnson
アンドリュー・ジョンソン

◆第17代大統領／共和党（ジョンソン自身は民主党員）

在任期間：1865年4月15日～1869年3月4日
就任時の年齢：56歳
生没年：1808年12月29日～1875年7月31日（66歳）
ニックネーム：テネシーの仕立屋（The Tennessee Tailor）
ファースト・レディー：Eliza McCardle Johnson
当時の日本・世界：明治維新（1869），イギリス第1次ディズレーリ内閣成立（1868）

◆1866年，大統領としてキャンペーン旅行を行っていたときに

神は故意にリンカーンを死にいたらしめた。だから，私が大統領になったのだ。
God had deliberately struck down Lincoln so that I could be president.

　政治家に失言，迷言はつきものとはいえ，これはひどすぎる。いくら口がすべったとはいえ，ジョンソンは言ってはならないことを言ってしまった。

　リンカーン大統領からは信頼されていたゆえに，取り返しのつかない失言になってしまった。この失言により，ジョンソンに反感をもつ者が急増することになる。

あきらめない苦労人

　「たたき上げの男」「波乱万丈の人生」とは，ジョンソンのためにあるような言葉である。学校へ行けなかったため読み書きもで

きなかった。そういう男が、ついに大統領の座をいとめる。

ジョンソンは、1808年12月29日、ノースカロライナ州ローリーで2人兄弟の次男として生まれる。1日たりとも、正規の学校教育は受けていない。いや、家があまりにも貧しかったため、受けられなかったのである。だから、読むことも、書くこともできなかった。両親も、読むことも書くこともできなかったという。

父は労務者であり、母は洗濯女をしていた。3歳のときに父が死亡。ジョンソン少年は、10歳で服の仕立ての見習い小僧となる。よほど独立心が強かったのであろう。17歳という若さで、テネシー州の小さな町、グリーンビルで自ら仕立て屋を開業する。

18歳で結婚

18歳で靴職人の娘、エライザ・マッカードルと結婚。彼女も苦労人であり、まだ16歳という幼な妻。いまの日本でいえば、高校1～2年生である。みすぼらしい2部屋だけの家に住む。ジョンソンは彼女から読み書き、算術などを習った。おおいなる内助の功のおかげで、商売も順調にすすむ。ジョンソンの「テネシーの仕立屋」というニックネームは、彼の経歴からつけられたものである。

政治にめざめる

たまたま彼の店が、町の集会所としても使われ、ジョンソンは町の人たちの話を聞いているうちに政治にめざめていく。1830年、22歳の若さでグリーンビル市長となる。27歳でテネシー州下院議員、33歳でテネシー州上院議員に選出される。

小規模農家の保護、公共教育の必要性を説いたことが効を奏し、35歳で連邦下院議員に選出される。

快進撃はまだまだ続く。1853年、45歳でテネシー州知事になり、

同州で初めて公立学校制度をつくる。知事に当選したとき、かつて鍛冶屋の小僧をしていた昔の仲間が、手製の火箸とシャベルを贈ってくれた。律儀なジョンソンはその返礼に、自ら上等な洋服を仕立てて贈ったという。いかにも苦労人、ジョンソンらしいではないか！

中央政界への進出

1857年から1862年まで上院議員をつとめ、ホームステッド法（自作農場法）を成立させる。リンカーン大統領に気に入られ、テネシー州軍政長官に任命される。

ジョンソンは南部出身であり、民主党員でありながら南部の合衆国脱退に反対しつづける。これは政治家としては自殺行為である。いかにも一匹狼のジョンソンらしい。

このことが共和党所属のリンカーンの心をとらえた。1864年、リンカーン政権の副大統領に指名される。しかし、就任式で酔っ払い、醜態をさらすことになる。まさに千鳥足。式の直前に精神安定剤のつもりで飲んだウイスキーがききすぎて、呂律がまわらなくなったのである。

大統領に昇格する

1865年4月、リンカーン大統領が暗殺される。ジョンソン副大統領は、第17代の大統領に昇格する。リンカーンの悲劇的な死の数時間後、ワシントンでの住居であったホテルの客間で、大統領就任宣誓式を行ったのである。

前述したように、南部出身者でありながら北部に味方して、南部側からは「裏切り者」のレッテルをはられていた。そして、大統領として初めて、弾劾裁判にもかけられる。結果は、わずか1票の差で、弾劾を免れた。

政治家としては行政の肥大化を危惧し，小さな政府を信奉したジョンソンは，自らの政治哲学を聞かれてこう答えている。このことばだけは，どの政治家も脳裏に刻んでほしい。

> 我々がめざす目標とは，政府は貧しくとも，国民は豊かであることだ。
> The goal to strive for is a poor government but a rich people.

　南北戦争が終決したとはいえ，波乱に満ちた時代に大統領になったジョンソン。議会との対立は避けられなかった。しかし，外交上の成果としてロシアからのアラスカ買収を忘れてはなるまい。

執念の男

　ホワイトハウスを去ってからも，連邦上院議員選挙にうってでるが，ことごとく敗退。だが，1874年にはついに当選している。この執念はたいしたものと言えよう。この1年後に，テネシー州カーターステーションで死去。最後に，こんなことばを残す。

> 私は神に対して，国家に対して，そして家族に対して義務を果たした。死が近づいていても，なにも恐れるものはない。
> I have performed my duty to God, my country, and my family. I have nothing to fear in approaching death.

coffee break

野党の義務はとても単純である。すべてのことに反対し，提案はいっさいしないことだ。
The duty of an Opposition is very simple: To oppose everything and propose nothing.　　　　　(Lord Derby)

Ulysses Simpson Grant

ユリシーズ・S・グラント

◆第18代大統領／共和党

在任期間：1869年3月4日〜1877年3月4日
就任時の年齢：46歳
生没年：1822年4月27日〜1885年7月23日（63歳）
ニックネーム：ユースレス（Useless）
　　　　　　　無条件降伏のグラント（Unconditional Surrender Grant）
ファースト・レディー：Julia Boggs Dent Grant
当時の日本・世界：廃藩置県（1871），スエズ運河開通（1869）

◆自分自身について
私は軍人というよりむしろ農夫だ。軍事にはほとんど，いや，まったく興味がない。
I am more of a farmer than a soldier. I take little or no interest in military affairs.

　上記は，グラントの人柄をもっともよく表していることばと言えよう。だいたいグラントは血をみるのが嫌いな男であった。そういう人が，南北戦争で北軍を指揮し，勝利をもたらすという天才肌の将軍なのである。軍事に興味をもてない名将軍。だから，上記のことばが，グラントならではのジョークとなる。

ニックネーム

　グラントは，父親から「ユースレス」というニックネームをつけられたという。「ユースレス」とは「使いものにならない」の意であり，ファースト・ネーム「ユリシーズ」のもじりである。

それにしても、実のわが子を役たたず呼ばわりするとは、どんな父親であったのであろうか。父親は皮革製造業者であった。

軍事より乗馬が好き

グラントは、1822年4月27日、オハイオ州の寒村、ポイント・プレザントに生まれる。気立てがよく、馬が非常に好きな少年であった。7歳のときに、はやくも2頭立ての馬車をあやつることができたという。

寄宿学校で学んだ後、17歳のときに父のすすめに従い、ニューヨーク州のウェスト・ポイント陸軍仕官学校に入学する。軍事には興味をもてなかったが、得意の騎馬ジャンプの競技では最高記録を打ちたて、「ベスト・ホースマン」と言われたほどである。

1846年、メキシコ戦争に参加するが飲酒にまつわるトラブルをおこし、軍務を離れる。このあと、セントルイスで農場を経営したり、不動産業にも手をだしたり、商店も経営するが、みな失敗。はにかみやの彼は商売には向いていなかったのかもしれない。

プロポーズのことば

グラントは1848年8月22日、農場主の娘ジュリアと結婚した。グラントの一目惚れである。しかも、ジュリアも乗馬が得意であった。グラント26歳、ジュリア22歳。4人の子どもに恵まれる。

君の残りの人生を、オレにぴったりと寄り添って過ごさないか。
How would you like to cling to me for the rest of your life?

南北戦争の英雄

1861年、南北戦争がはじまると義勇軍大佐として参加する。1864年に北軍総司令官に任命され総力戦をたくみに組織するなど、

数々の功績をあげる。北軍の指揮官として南軍のドネルソン要塞を包囲し，要塞明け渡しをせまったときは，南軍に対して，

無条件，即刻降伏のみ。
No terms except an unconditional immediate surrender can be accepted.

と言ったという。

1865年，グラントは南軍のロバート・リー将軍を破って戦争を終結させた。

グラントは，勇猛果敢な南軍の兵士に深い敬意を示し，耕作に使えるように兵士が各自の馬をそのまま持ち帰ることを許した。戦いに勝っても勝ち誇ったような表情はいっさいせず，むしろ沈んだ面持ちであったという。冒頭のことばのとおり，彼は心から戦争が嫌いだったのだ。

功績が認められ，戦後陸軍大将に昇進し，陸軍の最高司令官となる。これはジョージ・ワシントンに次ぐ2人目の栄誉であった。

大統領への道

1868年，共和党の候補として大統領選に出馬，対戦相手の民主党ホレイショ・セイムアに勝利する。選挙の一般人票では南北戦争の輝かしい英雄でありながら，楽勝というわけにはいかなかった。

戦争が終わったとはいえ，政治的には南北の抗争はいぜんとして続いていた。南部地方をいかにして復興させるか，戦後の景気をどう回復するかが，グラント政権に課せられた重要な課題であった。

しかし，偉大なる軍人はかならずしも偉大なる政治家ではなかった。政治，経済に関してはまったくの素人であったのだ。

まずは人事である。親しい人や友人だけではなく，親類の者にまで政府の役職を与えてしまう。そういう側近が汚職まみれになっても，それすら見抜けない。南部地方の復興もままならない。「グラント大統領は信用できない」という雰囲気が国中に蔓延する。

　1877年退任。南北戦争の戦勝将軍，そして国家的英雄が，大統領としては最低の評価を受けたまま。

　栄光の日々と屈辱の日々，グラントほど落差の激しい人生経験をした大統領はいない。なんという年月の流れ，歴史の皮肉であろうか。

日本に立ち寄る

　大統領退任後，1879年（明治12年）にグラントは家族を伴って世界一周旅行をする。水のないヴェニスなどヴェニスではないと言いたいところだが，グラントはこの水の都を見てこんなジョークをとばす。

水が干あがれば，ヴェニスはすばらしい都市になるだろう。
Venice would be a fine city if only it were drained.

　この旅行の途上で日本を訪問し，2か月ほど滞在している。このとき，明治天皇と浜離宮で会談し，天皇に内政問題，外交問題などについて助言したという。

　1885年7月23日，ニューヨーク州マウント・マクレガーで死去。

coffee break

私の妻と政府は同じ問題をかかえている。両者とも経済的には余裕がないのに，いろいろと多くのことをしたがる。
My wife and the government have the same problem. They both like to do a lot of things they can't afford.

Rutherford Birchard Hayes

ラザフォード・B・ヘイズ

◆第19代大統領／共和党

在任期間：1877年3月4日～1881年3月4日
就任時の年齢：54歳
生没年：1822年10月4日～1893年1月17日（70歳）
ニックネーム：いかさま閣下（His Fraudulency）
　＊fraudは「詐欺」の意。
ファースト・レディー：Lucy Ware Webb Hayes
当時の日本・世界：西南戦争（1877），英領インド帝国成立（1877）

◆戦いについて

戦いとは女性に求愛するようなものだ。最もうぬぼれが強く，最も勇気のある者がたいてい勝つ。
Fighting battles is like courting girls. Those who make the most pretensions and are boldest usually win.

心やさしい弁護士

　ヘイズは，1822年10月4日，オハイオ州デラウェアの農民の子として生まれる。5人兄弟の末っ子。ヘイズが生まれたとき，父はすでに死亡していた。

　1842年にケニヨン大学，1845年にハーヴァード大学の法学部を卒業。1850年に弁護士を開業して成功する。正直で，良心的で，心やさしい弁護士ヘイズは恵まれない黒人奴隷のために無料で弁護を引き受けたこともあったという。

いかさま閣下

　人の運命とはわからないものである。軍人として命を省みず勇敢にふるまう。なんども負傷する。乗っていた馬が銃撃されて馬からころげ落ちたこともある。下院議員，知事として手腕を発揮する。その同じ人が「いかさま閣下」などという，最も屈辱的なニックネームをつけられる。

　1865年，ヘイズは南北戦争に参加して，功績が認められ少将となる。戦争では瀕死の重傷を負う。同じ年，オハイオ選出の連邦下院議員に当選。1868年にはオハイオ州知事に選出され，3期つとめる。

　正直で良心的な知事として，その名が知られるようになり，1876年，共和党から大統領候補に指名される。民主党候補のサミュエル・ジョーンズ・ティルデンに1票差で勝利をものにする。

　ただし，国民による一般投票では，ティルデンのほうが25万票も上回っていた。だからヘイズ自身も，まさか大統領になれるとは思ってもいなかった。

　ヘイズが大統領に就任できたのは，共和党と民主党の不正取引，裏取引があったとの噂が流れた。どうやらこの噂は本当であったようだ。

　この噂とは「解放された黒人に市民権を認めた憲法修正第14条，選挙権を認めた第15条を南部は守らないことを連邦が黙認する」という驚くべきものであった。

　黒い噂を払拭すべく，そして党利党略にへきえきしたヘイズは就任演説のなかで高らかに宣言する。

自分の国家に最もよく奉仕する者こそ，自分の党に対する最善の奉仕者である。
He who serves his country best serves his party best.

懺悔の日々

大統領に就任してから、ヘイズは行政の活性化、公務員任用制度の改革などを打ちだすが、いちど広まった噂は防ぎようがない。そのためか就任してまもなく、2期目の不出馬を表明する。

ヘイズは在任中の日記に、こんなことを書いている。まさに悶々とする懺悔の日々である。

> 私は大統領として、執務室の政治家にも、新聞記者たちにも、そして議会でも好かれてはいない。しかし、私は、国民が冷静に考え直して下す判断を甘んじて受け入れることにはなんら躊躇するものではない。
> I am not liked as a President by the politicians in office, in the press, or in Congress. But I am content to abide the judgement — the sober second thought — of the people.

ホワイトハウスを去る日が近づいてきたとき、疲労困憊のヘイズは、妻のルーシーに弱々しく言う。

> 束縛と責任、そして、労苦。私は大統領としての生活に本当に疲れたよ。
> I am heartily tired of this life of bondage, responsibility, and toil.

ルーシーも疲れはてている夫をみて、心から同情する。ヘイズはホワイトハウスを去って思わず言う。

> 私は自由な身になれてうれしい。
> I am glad to be a freed man.

このあと、オハイオ州フレモントの自宅で一市民として過ごす。そして、刑務所の状態の改善、学校の増設などの社会活動に晩年

を捧げる。

　1893年1月17日，死去。妻は4年前に亡くなっていた。息子の腕に抱かれながら「私はルーシーのもとへ行くのを知っているよ」(I know that I am going where Lucy is.) とつぶやき，息を引き取ったという。

coffee break ……•………•………•………•………•………•

ジャックは脳の移植手術を受けることにした。2つの脳を選ぶことができた。哲学者の脳は1万ドル，政治家の脳は10万ドルした。
「哲学者の脳よりも政治家の脳のほうが，よりすぐれているということですか」ジャックは聞いた。
「そうともいえない。政治家の脳は，これまで一度も使われたことがないんですよ」と医者は答えた。
Jack decided to have a brain transplant and was offered the choice of two brains—a philosopher's for $10,000 and a politician's for $100,000.
"Does that mean the politician's brain is much better than the philosopher's?" asked Jack.
"Not exactly," replied the doctor. "The politician's has never been used."

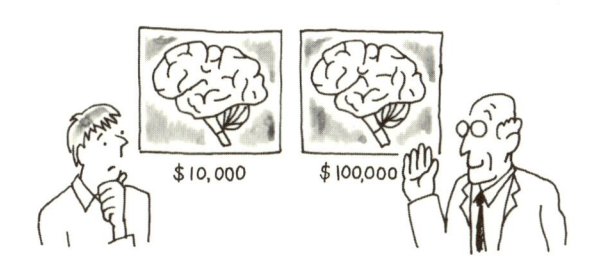

……•………•………•………•………•………•………•………•

James Abram Garfield

ジェームズ・A・ガーフィールド

◆第20代大統領／共和党

在任期間：1881年3月4日〜1881年9月19日
就任時の年齢：49歳
生没年：1831年11月19日〜1881年9月19日（49歳）
ニックネーム：ボートマン・ジム（Boatman Jim）
　　　　　　　伝道師大統領（Preacher President）
ファースト・レディー：Lucretia Rudolph Garfield
当時の日本・世界：日本で国会開設（1881），ドイツ，オーストリア，ロシア，
　　　　　　　　　新3帝同盟条約調印（1881）

◆政府の役職を求める人たちが多いことに怒り

あの連中はできるものなら，私の頭脳，肉，血のすべてを奪う気なんだ。
These people would take my very brain, flesh, and blood if they could.

大統領になったガーフィールドをいちばん悩ませたのは人事の問題である。それなりの地位を求めて多くの人が大統領を取り囲む。選挙に協力した人たち，資金をだした人たちに，それなりのポストを与えなくてはならない。党の幹部たちやベテランの議員の意向も考えなくてはならない。

厚顔無恥もはなはだしい，地位を求めてむらがる連中にいやけがさしたガーフィールドが言ったのが上記の発言である。

このことは，派閥政治の日本でも同じこと。組閣のときには，それぞれの派閥から圧力がかかる。組閣を終えて，首相は「今回の組閣は適材適所で任命した」などと決まり文句をいうが，真っ

赤なウソである。

さて,腹の虫がおさまらないガーフィールドは,こんな怒りのことばも口にする。

> おいおい！　こんなところにずけずけ入り込んできやがって。いったい,奴はなにが目的なんだ。
> My God! What is there in this place that a man should ever want to get into it?

丸太小屋からホワイトハウスへ

リンカーンと同じく,丸太小屋からホワイトハウスまでのぼりつめたのがガーフィールド大統領。「人の運命を決めるのは,自分以外にない」そういうことを身をもって教えてくれる人物である。

少年時代の彼の生きざまを知ったら,たとえどんなに困難な問題に直面しても,愚痴をこぼせなくなるだろう。

ガーフィールドは,1831年11月19日,オハイオ州オレンジの開拓地で貧農の家に生まれる。5人兄弟の末っ子。丸太小屋生まれとしては最後の大統領である。2歳のときに,近くの森林火災で父を失う。責任感の強かった父は危険を省みず,山火事の消化活動をしていたのである。

母の手ひとつで育てられ,それから苦難の日々が続く。もの心つくころから畑を耕して母を助け,さらに近所の農場でも働き,稼いだお金はすべて家に入れた。

16歳のとき家を出て運河の船上労働者になる。大工の仕事もした。向学心に燃えていたガーフィールドは,どんなに疲れていても勉強することだけは忘れなかった。将来を見すえて,学費をこつこつと貯める。

ニックネーム

ガーフィールドのニックネームは「ボートマン・ジム」だが,これは若い頃のオハイオ運河での仕事に由来している。ガーフィールドは情け深く,信心深い人でもあった。それで,「伝道師大統領」というニックネームもつけられた。

学長,兵士,そして政治家

最初はオハイオ州のハイラム・カレッジで学ぶ。さらに,23歳でマサチューセッツ州のウィリアムズ大学に入学。優秀な成績をおさめる。卒業してからハイラム・カレッジに戻って,ラテン語,ギリシア語など古典文学の教官になり,学長にまでのぼりつめる。

1860年,南北戦争で北軍に大佐として従軍する。功績をあげ少将まで昇進。まだ,32歳という若さであった。

1863年,連邦下院議員に当選。共和党の幹部議員として,財政,教育,軍事などの分野で力量を発揮する。1880年,連邦上院議員に選出される。

ルクレティアとの結婚

ガーフィールドと妻ルクレティアとの交際は紆余曲折があり,結婚までには長い時間がかかった。彼女はいつも控えめで,自分の感情を外にださない内気な性格であった。

彼には,そんな彼女の心がつかみきれなかった。そして次第に2人のあいだの溝が深まり,ついに,ルクレティアは婚約解消を申し出る。悩み多きガーフィールドは必死に懇願する。

> 君を失いたくない。でも,時間が欲しい。
> I can't lose you, but give me time.

ついにゴールインしたのは1858年,27歳のときであった。

暗殺された史上2人目の大統領

　1880年，共和党の大会でダークホースとして登場し指名を獲得する。民主党は元将軍のウィンフィールド・ハンコックを指名する。ガーフィールドは一般投票で，わずか2000票足らずの僅差で大統領の地位を獲得する。丸太小屋で生まれた船上労働者が大統領になったのである。

　ガーフィールドは暗殺された史上2人目の大統領である。だが，暗殺は偶発的なものではなかった。官職につけなかった者の恨みである。犯人のチャールズ・ギトーはフランス領事としてパリに勤務できるものと信じ込んでいた。ひとりよがりもはなはだしい。

　1881年7月2日，ギトーはピストルを隠しもち，ボルチモア・ポトマック駅で大統領の到来を待った。就任してからわずか4か月後，ガーフィールドは狂信者の凶弾に倒れたのである。約2か月後に死去。生前，ガーフィールドは，

暗殺は，雷に打たれて死ぬのと同じように防ぎようがない。
Assassination can no more be guarded against than can death by lightning.

と言ったことがある。自分の死を予言していたのかもしれない。

coffee break

アメリカがなぜ約束の地であるかを知らない人は，選挙キャンペーン中にアメリカを訪ねるべきである。
People who don't know why America is the Land of Promise should be here during an election campaign.

Chester Alan Arthur

チェスター・A・アーサー

◆第21代大統領／共和党

在任期間：1881年9月19日～1885年3月4日
就任時の年齢：51歳
生没年：1829年10月5日～1886年11月18日（57歳）
ニックネーム：華麗なアーサー（Elegant Arthur）
　　　　　　　貴公子アーサー（Prince Arthur）
　　　　　　　ジェントルマン・ボス（Gentleman Boss）
ファースト・レディー：Ellen Lewis Herndon Arthur
日本・世界：伊藤博文を欧州に派遣（1882），ドイツ，イタリア，オーストリア3国同盟成立（1882）

> ◆禁酒してほしいという女性の禁酒運動家に対して
>
> 私は合衆国の大統領であるかもしれんが，私生活については，だれも知ったことじゃない。
> I may be President of the United States, but my private life is nobody's damn business.

　大統領になる1年前に妻を失い，アーサーは男やもめであった。そのため実際にファースト・レディの役割を果たしたのは妹の，Mary Arthur McElroy である。ロマンスの噂は絶えなかったが，アーサーは再婚することはなかった。

副大統領から大統領に昇格

　同じ人間でありながら社会的な地位によって，威厳に満ち品格がついてくることもあれば，立場を悪用して利殖まみれになり堕落していくこともある。この両方の例を示したのが，アーサー大統領である。

アーサーは、ガーフィールド大統領が暗殺されたことにより、副大統領から昇格した2人目の大統領。副大統領としての経験はあるものの、下院議員も上院議員も経験していない。ということは、議会対策という点ではまったくの素人であったということである。

　アーサーは、1829年10月5日、ヴァーモント州フェアフィールドで生まれる。7人兄弟の長子であった。父はバプティスト派の敬虔な牧師であった。

人権派弁護士

　1848年、18歳でニューヨーク州のユニオン大学を卒業する。教員をつとめながら法律を独学で学び、25歳のときに弁護士の資格を得る。そしてニューヨークで開業。弁護士としては一貫して奴隷制反対の立場をとり、名声をあげた。

　いまふうにいえば、彼は正義感の強い人権派の弁護士だったのである。そして、ニューヨークに旅行中の奴隷は自由人として扱う、との判決を勝ち取っている。

誘惑に負ける

　南北戦争では北軍の物資補給担当の主計総務をつとめる。その後、グラント大統領によりニューヨーク税関長に任命される。これはかなりの利権がからんでいて、うまみのあるポストであった。アーサーも人の子。つい誘惑に負け、利権に目がくらむ。

　合衆国の関税収入の取り扱い、官職を配分する権限が与えられる。それをいいことに職権を乱用し、ヘイズ大統領から罷免されてしまう。

ニックネーム

「貴公子アーサー」に代表されるように，アーサーのニックネームはどれもこれも華麗なものばかり。これは，彼の容姿の端麗さや，いつも小ぎれいな服装をしているところからきている。

ファッションに敏感で，新しいタイプの服がでるとすぐに買う。ズボンだけでも，80本も持っていたという。

ラブレターを書く

アーサーが，後に妻になるエレンにはじめて会ったのは，1856年のことである。お互いになにか感ずるものがあったのであろう。2人はすぐに恋に陥った。

アーサーはエレンより7歳年上であるが，エレンにとって年の差は問題ではなかった。

恋に陥ると，だれしも詩人になる。アーサーはエレンに，こんなくすぐったくなるようなラブレターを送っている。

> 君が，ぼくのことを想っていることがわかるよ。君の愛の鼓動が，ぼくの胸に響くから。
> I know you are thinking of me. I feel the pulses of your love answering to mine.

大統領として変身

アーサーは，大統領になると見事な変身を果たした。公明正大，立派な行政的手腕を発揮する。閣僚には有能な人物を配置し，公務員任用制度の改革に着手する。海軍の強化をはかり，近代海軍の創設者として知られる。

しかし，外交では失敗の連続で見るべき成果をあげることができなかった。苦悩するアーサー。つい，こんなことを口ばしる。

働くところと同じ家に住むことが、どれほど気が滅入り、どれほど疲れるものかは、あなたにはまったくわからないでしょう。
You have no idea how depressing and fatiguing it is, to live in the same house where you work.

　1884年、アーサーは大統領の続投に強い意欲を示していたが、共和党は候補として指名しなかった。彼は失意のあまり、こうつぶやいてホワイトハウスを寂しく去っていく。

前大統領にできることは、田舎にひっこんで大きなカボチャを育てる以外には、なにもすることがないようだ。
There doesn't seem to be anything else for an ex-president to do but go into the country and raise big pumpkins.

　でも実際にはホワイトハウスを去ってから、アーサーは弁護士の仕事を再開している。そして、好きな釣りなどをして余生を楽しく過ごしたようだ。
　1886年11月18日、ニューヨークの自宅で脳溢血のため死去。まだ、57歳という若さであった。

coffee break

政治的な力量とは、なにが起こるかを予測する能力であり、あとで、それがなぜ起こらなかったかを説明できる能力である。
Political skill is the ability to foretell what is going to happen ... and to have the ability afterwards to explain why it did not happen. 　　　　　(Winston Churchill)

Grover Cleveland
グローバー・クリーヴランド

◆第22代・24代大統領／民主党

在任期間：1885年3月4日～1889年3月4日（第22代）
　　　　　1893年3月4日～1897年3月4日（第24代）
就任時の年齢：47歳，55歳
生没年：1837年3月18日～1908年6月24日（71歳）
ニックネーム：アンクル・ジャンボ（Uncle Jumbo）
　　　　　　　頑固閣下（His Obstinacy）
ファースト・レディー：Frances Folsom Cleveland
当時の日本・世界：大日本帝国憲法発布（1889），日清戦争勃発（1894）

◆ある痩せこけた男が，ホワイトハウスにやってきた。彼はひざまづき，庭の草を食べはじめる。窓越しにその光景を見ていた大統領

大統領：なにをしているんだい？
空腹の男：腹が減って，草を食べなくてはなりません。
大統領：裏庭にまわりな。もっと長い草がはえているから。

President: What are you doing?
A hungry man: I'm hungry and have to eat grass.
President: Why don't you go around to the backyard?
　The grass is longer there.

記録づくめの男

　クリーヴランドはユニークな記録を打ちたてている大統領である。まずは，ホワイトハウスで結婚した唯一の大統領であるということ。結婚相手は，21歳のフランシス・フォルサム。彼よりも28歳も若くて，とびっきりの美人ときている。もちろん，史上最年少のファースト・レディーである。

　大統領に選ばれたとき，クリーヴランドは独身であった。しか

も彼は，彼女の亡き父の友人であり，後見人でもあったのだ。

　クリーヴランドはホワイトハウスを去ったあとに，再び大統領としてカムバックを果たした唯一の大統領でもある。最初は1885年から89年まで，第22代大統領として4年の任期をつとめた。このあとは共和党のハリソン候補に敗れ再選されなかったが，1892年の大統領選挙で帰り咲きを果たし，第24代大統領として4年の任期をつとめたのである。

　また，南北戦争に参加することなく大統領になったのもクリーヴランドが初めてである。ちなみに，ニューヨークの自由の女神の除幕式が行われたのは，彼が22代大統領のときである。

苦学して弁護士になる

　クリーヴランドは，1837年3月18日，ニュージャージー州の小さな町コールドウェルで9人兄弟の第5子として生まれる。父はプロテスタント教派の牧師であったが，経済的には恵まれていなかった。

　クリーヴランド少年は，10代半ばで父を亡くしたため苦学を強いられる。勉強する機会をつかんでは努力し，14歳で店員として働きにでる。大学へは行けなかったが，ニューヨーク州バッファローの法律事務所につとめながら，独学で法律を勉強する。

　1859年，22歳で弁護士の資格を得てバッファローで開業。

「公正な」大統領に

　その後，エリー郡の地方検事補，保安官としての職を得る。1881年にはバッファロー市長に選出され，市政改革に取り組み評価される。こうなったらもう止まらない。苦労人クリーヴランドは，出世への階段を駆け足でのぼって行く。

　1882年，圧倒的な支持をえてニューヨーク州知事に選ばれる。

政界の浄化、行政改革などで辣腕をふるう。しかも、几帳面な性格。以降、ますます頭角をあらわしていく。

1884年には民主党大会で大統領候補に指名される。共和党候補のジェームズ・ブレインを破り、ついに大統領の座を獲得するのである。

クリーヴランドの選挙用のスローガンに「**公職とは、大衆の信頼である**」(A Public Office is a Public Trust.)というのがある。この巧みなスローガンで正直で公正な大統領として知られるようになった。大統領に再選されたのも、このスローガンが効を奏したからだといわれている。

2期目の就任演説では、地方、国政を問わず、日本の政治家全員に聞いてほしいことを言っている。

政府のもとでの税金の無駄遣いは、国民に対する犯罪行為である。
Under our scheme of government the waste of public money is a crime against the citizen.

ニックネーム

クリーヴランドはいくつかのニックネームをもっている。まずは、「アンクル・ジャンボ」というもの。これは幼少期から太っていて大柄だったため。大統領になったとき、体重は114キロであった。

妥協を許さず、頑固一徹。どの大統領よりも法案に対して数多く拒否権を発動したために「頑固閣下」というニックネームもつけられた。第1期だけで、なんと414回もの拒否権を行使したというから驚きだ。もちろん、これは新記録である。

どこまでも頑固

　ニックネームのとおり，頑固なクリーヴランドはなにかと上院と衝突した。下院とはうまくいったが，上院とはそりが合わなかった。

　真夜中に，妻から「泥棒がいるみたい」といわれ，起こされたことがある。そのとき彼は，寝呆けまなこで，こう言ったという。

泥棒がいるのは，たぶん上院だ。ホワイトハウスではない。
Thieves in the Senate, maybe. But not in the White House.

　ホワイトハウスを去ってからは，プリンストン大学の理事となり，講義も行っている。1908年6月24日，ニュージャージー州プリンストンで死去。「私は正しいことをするために大変な努力をした」(I have tried so hard to do right.) が，最後のことばになる。葬式は国葬であった。

coffee break

政治家の演説は恋愛沙汰のようなものだ。どんな愚かな人でも始められるが，やめるには，かなりの技術を必要とする。
A politician's speech is like a love affair. Any fool can start it, but to end it requires considerable skill.

Benjamin Harrison

ベンジャミン・ハリソン

◆第23代大統領／共和党

在任期間：1889年3月4日～1893年3月4日
就任時の年齢：55歳
生没年：1833年8月20日～1901年3月13日（67歳）
ニックネーム：人間氷山（The Human Iceberg）
　　　　　　　ホワイトハウスの氷山（White House Iceberg）
　　　　　　　チビのベン（Little Ben）
ファースト・レディー：Caroline Lavinia Scott Harrison
当時の日本・世界：北里柴三郎，ジフテリア及び破傷風の血清療法を発見（1890），
　　　　　　　　　ハワイの王制廃止される（1893）

◆無愛想なハリソン，オハイオ州知事がホワイトハウスを訪ねてきたときに，いかにも迷惑そうな顔をして

処理しなくてはいけない書類がこんなにあってね。それに，2時には魚釣りに行くんだ。

I've got all these papers to look after and I'm going fishing at two o'clock.

ホワイトハウスの氷山

　話がうまく，いくら雄弁でも，性格が暗かったり，無愛想だったり，大衆性に乏しかったりすると，人々にいい印象は与えない。この見本ともいえる人物が，ベンジャミン・ハリソン大統領なのである。

　ホワイトハウスでは，来客に椅子もすすめなかったというから，徹底して愛想がよくなかったらしい。

　セオドア・ローズベルトは，ハリソンを「偏屈の冷血漢」との

のしっている。ハリソンと会ったある法律家は「馬をつなぐ杭と話しているようだ」(It's like talking to a hitching post.) ともいう。対面した人には無表情，冷え冷えとしていて，冷血漢の印象を与えたようだ。

　だから，ハリソンは「人間氷山」「ホワイトハウスの氷山」というニックネームをつけられた。だが，ニックネームとは裏腹にすばらしい雄弁家であり，演説では聴衆をうっとりとさせたというから，そこが人間のおもしろいところである。

　さらに，体格はよかったが，背が低かったことから「チビのベン」というニックネームもつけられた。身長は168センチだったという。アメリカ人にしては，かなり低いほうであろう。

華麗なる一族

　ハリソンは，1833年8月20日，オハイオ州ノース・ベンドで生まれる。14人兄弟の次男である。

　ハリソン家は，大変な政治家一家であった。曾祖父は独立宣言に署名した愛国者のひとりベンジャミン・ハリソン，祖父は，第9代大統領のウィリアム・ハリソンである（在任わずか1か月間ではあったが）。そして，父のジョン・スコット・ハリソンは，連邦下院議員に選出されている。

　ハリソンは14歳でシンシナティ郊外のファーマーズ大学に入学。1852年，オハイオ州のマイアミ大学を卒業。法律を学び，1854年（21歳），弁護士の資格を得てインディアナ州インディアナポリスで開業する。

　南北戦争のときには北軍に従軍し，准将に昇進。そして，見事な統率力を発揮して部下たちを感動させ，英雄となった。

七光りを嫌う

ハリソンはことあるごとに，祖父が引き合いに出されるのにうんざりしていた。

大統領になる前のことである。無理やり演説会に引き出されると，司会者がいつものように，ハリソンを「第9代大統領の孫である」と物々しく紹介した。我慢しきれなくなったハリソンは，大声を張り上げる。

> 理解していただきたいのだが，私は，誰の孫でもない。
> I want it understood that I am the grandson of nobody.

大統領への道

1876年，インディアナ州知事に出馬するが落選。だが政治家への夢は捨てない。1880年にインディアナ州から出馬して連邦上院議員に当選する。

1888年の大統領選で共和党の指名を受け，現職のクリーヴランド大統領を破り，大統領に当選する。接戦であった。一般投票では2位だったが，選挙人数で上回ったのである。内政では産業保護政策をとるが，特定の大企業だけを潤す結果に終った。不満が国民のあいだに広まってゆく。

外交では積極的な行動にでている。1889年には，ワシントンでパン・アメリカ会議を開催している。この会議の狙いは，ラテン・アメリカ諸国との関係改善であった。

諸外国は，アメリカがますます巨大化していくことに懸念を示す。そこで，ハリソンの巧みな弁明となる。

> 我々アメリカ人は，神からなんの報酬も受けずに世界の警察官をつとめている。
> We Americans have no commission from God to police the

world.

　ハリソンの時代は自由放任主義の時代であった。したがって貧富の差は拡大していった。また彼は海軍の増強に異常なほど力を注いだが，一方で，平和主義者であることを強調する。

我々にとって軍隊の予算を編成するよりも，軍隊の編成のほうがよりやさしいということを忘れるべきではない。
We must not forget that it is often easier to assemble armies than it is to assemble army revenues.

　ハリソンは，1901年3月13日，インディアナポリスで死去する。

coffee break

「うちの子は間違いなく偉大な政治家になれるぞ」と，3歳になる息子を自慢して父が言った。
「どうして，そんなこと言えるの？」と，母が聞いた。
「まったく明白だよ。うちの息子はよさげに聞こえるがまったく意味をなさないことをたくさん言えるんだから」と，父が答えた。
"It's pretty evident that our child's going to be a great politician," said the father, proudly regarding his three-year-old son.
"Now how could you possibly tell that?" asked the mother.
"It's quite obvious," explained the father. "Our son can say many things that sound good and mean absolutely nothing."

ウィリアム・マッキンレー
William McKinley

◆第25代大統領／共和党

在任期間：1897年3月4日～1901年9月14日
就任時の年齢：54歳
生没年：1843年1月29日～1901年9月14日（58歳）
ニックネーム：少佐（The Major）
　　　　　　　たよりないウイリー（Wobbly Willie）
　　　　　　　オハイオのアイドル（Idol of Ohio）
ファースト・レディー：Ida Saxton McKinley
当時の日本・世界：立憲政友会結成（1900），米西戦争勃発（1898）

◆ホワイトハウスのエレベーターが故障し，議員たちが不満を述べたとき

ヤツらにはブツブツ言わせておけ。いつものように，ここに上ってくるなんて朝飯前のことだからな。
Let them complain. It's too easy for them to get up here the way it is.

暗殺された3人目の大統領

　1901年9月6日，ニューヨーク州のバッファロー市で全米博覧会が開催され，おおぜいの人たちが会場につめかけていた。マッキンレー大統領もそのひとりだった。

　スペインとの戦争で勝利をおさめた年である。経済的不況も去ったあとの合衆国の繁栄。国民は戦争の勝利と経済の繁栄に酔いしれていた。

　明るい展望のもと，2期目の大統領は難なく再選された。副大統領には戦争英雄として人気の高かったセオドア・ローズベルトを指名。マッキンレーは多くの国民から圧倒的な支持を得ており，

人気の絶頂期にあったのだ。

　大統領はだれを疑うこともなく，群衆のなかにまぎれこんでゆく。歓声があがる。握手ぜめにあう。だが，群衆のなかには得体のしれない，ひとりの不審な男がいた。

　レオン・チョルゴッシュという名のアナーキスト。彼は右手に巻いた包帯のなかにピストルを隠しもっていた。

　ピストルが2発発射される。大統領は致命傷を受けて，あおむけに倒れる。事件から8日後の9月14日，大統領は，

> 神の定められた道，神の意志に従うのみ。
> It is God's way. His will be done, not ours.

ということばを残して息を引きとる。在任中に暗殺された3人目の大統領である。犯人は電気椅子で処刑された。

職人の子

　マッキンレーは，1843年1月29日，オハイオ州ナイルズで7人兄弟のひとりとして生まれる。父は鋳物工場の職人。17歳のときペンシルヴェニア州アレゲニー大学に入学するが，中退して郵便局員，教員などの職についた。

　1861年，南北戦争がはじまると北軍に従軍し，ヘイズ将軍（後の第19代大統領）の下で功績をあげ，陸軍少佐に昇進する。

　マッキンレーにはいろいろなニックネームがつけられたが，本人がいちばん気に入っていたのは「少佐」だったという。このニックネームは，南北戦争時の肩書きに由来している。

　戦争が終わると，オハイオに戻り法律を学ぶ。1867年に弁護士の資格を得て，法律事務所を開く。1869年，オハイオ州スターク郡検察官になる。

愛国主義者のマッキンレー

 1876年,共和党から下院議員に選出され14年間つとめる。1890年,高関税がアメリカの利益を擁護すると信じていたマッキンレーは,高率保護関税法である「マッキンレー関税法」を成立させた。

 この法案の狙いは,アメリカの製品を保護することである。そのため実業界からは熱烈に歓迎された。マッキンレーの名は全国的に知られるようになり,「高関税男」(the high-tariff man) という異名をとる。

 1892年から96年までオハイオ州知事をつとめる。1896年,共和党の候補として大統領選に出馬する。激戦ではあったが,民主党の候補,ウィリアム・J・ブライアンを破った。

 マッキンレーが選挙で多用したスローガンは,

> 良貨は,決して時代を悪くはしなかった。
> Good money never made times hard.

というもの。マッキンレーの演説はわかりやすく,うまかった。国民の心の本音の部分を読むことが得意であった。記憶力にすぐれ,人の顔をよくおぼえた。

 経済的繁栄を謳歌していた国民は,この耳に快い,わかりやすいスローガンにとびついたのである。このことばはアメリカの政治史において,最も効果的なスローガンとなった。

ハワイの併合

 人気をバックに勢いにのるマッキンレーは,フィリピン,プエルトリコ,グアムを獲得する。これにもあきたらず,ハワイまで併合してしまう。

我々には，カリフォルニアよりもずっとハワイのほうが必要だ。これは明白なる天命なのだ。
We need Hawaii as much and a good deal more than we did California; it is Manifest Destiny.

　スペインに対して宣戦布告をしたのは，マッキンレー政権のときではあったが，彼は最後の最後まで平和的な解決を望んでいた。過去の戦争に思いをはせ，こんな発言をしたこともある。

私は，死体が山積みされている光景を見てきた。もう二度と見たくはない。
I have seen the dead piled up, and I do not want to see another.

coffee break

ロックンロールにつきもののセックス，低俗な遊び，うるさい連中など，なにもかもうんざりして，それで私は政界に入ったのさ。
I got fed up with all the sex and sleaze and backhanders of rock and roll so I went into politics.　　　　　（Tony Blair）

Theodore Roosevelt
セオドア・ローズベルト

◆第26代大統領／共和党

在任期間：1901年9月14日～1909年3月4日
就任時の年齢：42歳
生没年：1858年10月27日～1919年1月6日（60歳）
ニックネーム：テディ（Teddy）
ファースト・レディー：Edith Kermit Carow Roosevelt
当時の日本・世界：日露戦争勃発（1904），イギリス労働党結成（1906）

◆ホワイトハウスに親しい友人が訪ねてきた。ローズベルトの幼い娘，アリスは部屋中をとびはねて歩きまわり，2人の会話をさまたげる。友人はイライラして，娘をなんとかできないのかと，ローズベルトに文句を言う。

私は二つのうち一つはできる。合衆国の大統領でいるか，娘のアリスに行儀を教えるかだ。両方はとても無理だよ。
I can do one of two things. I can be President of the United States or I can control Alice. I cannot possibly do both.

史上最年少の大統領

1901年9月14日，自然を愛するローズベルト副大統領は，アディロンダック山脈の森林地帯をキャンプ旅行中であった。野外生活を楽しんでいると，ひとりのガイドが血相を変えて近づいてきた。そして，マッキンレー大統領が息を引き取ったことを告げられる。

ローズベルトはすぐにバッファローに戻り，第26代大統領として就任宣誓式を行う。それはマッキンレーの死後，数時間後のことであった。

ここに，米国史上最年少の大統領が誕生することになる。42歳と322日。ただし，選挙で当選した大統領で最も若かったのは，第35代のジョン・F・ケネディである。43歳であった。

肉体を鍛える

　ローズベルトは，1858年10月27日，ニューヨーク市で生まれる。古いオランダ系の商家で家庭はとても裕福であった。子どものころはほっそりとして，いかにも弱々しかった。原因不明の頭痛，吐き気，さらに，喘息もちでもあったのだ。

　極端な近視で，牛乳ビンの底のようなメガネをかけていた。学校にも通えないほど，彼の体はひ弱だったのである。

　ここから肉体を強化すべく，ローズベルト少年の果敢な戦いがはじまる。ボクシング，フェンシング，乗馬，ハンティングとスポーツにはなんでも手をだす。カウボーイになって馬にまたがり，牛を追う。草原で野牛を射殺する。

　ロッキー山脈では猛獣狩りもやったという。子どものころどんなに弱々しい体質であっても，鍛えれば頑強な肉体の持ち主になれることを，ローズベルトは自ら示したのである。

疲れを知らない男

　やがて政治学，歴史学にめざめ，1880年，ハーヴァード大学を優等で卒業する。このあと，コロンビア大学で法律を勉強。1882年には『1812年戦争における海賊』という本を出版し評判を呼んだ。

　1881年，23歳のときにニューヨーク州議会議員に選出される。1889年，ハリソン大統領から連邦公務員任用委員会委員長に任命される。1895年，ニューヨーク市公安委員長に任命され改革に取り組み，その行政手腕は高く評価される。

1897年，マッキンレー大統領より海軍次官補に任命される。

1898年の米西戦争では「荒馬騎兵隊」(Rough Riders) という義勇団を組織してキューバに遠征し名声を高める。

自己主張が強く荒々しい印象を与え，疲れを知らないローズベルトだが，その心はいたって謙虚だった。

> 私はごく普通の人間にすぎない。しかし，実のところ，普通の人よりも一生懸命働いているがね。
> I am only an average man but, by George, I work harder at it than the average man.

棍棒外交

点火されたエンジンは止まらない。快進撃はつづく。1899年にニューヨーク州知事に就任。公正で革新的な政策を次々に打ち出して名をあげる。1900年，マッキンレー政権下で副大統領になる。

大統領に昇格すると，国民の社会的経済的問題について，政府が公共の利益のために積極的に関与しなければならないと主張。自然資源の保護などの政策の立法化，国立公園の新設，野生生物保護区の指定など，つぎつぎに政策を打ちだす。

外交政策ではなんといっても，

> 棍棒を手にしつつ穏やかに話せば，成功するだろう。
> Speak softly and carry a stick; you will go far.

というもの。強力な軍事力を外交の武器として使う。

2度の結婚

ローズベルトは2度結婚している。最初の妻は上流階級出身のアリス・リー。2人は1880年10月27日に結婚した。ローズベルト

22歳，アリス19歳。ハーヴァード大学で知り合ったのが縁であった。

　ローズベルトは，まだ17歳のアリスに一目惚れする。恋の病にかかって，こんな賛美のことばを吐いた。

> 僕はどんなに，彼女を愛していることか。彼女は他の娘たちよりはるかに高いところにいる，まるで天の星のようだ。
> How I love her! She seems like a star of heaven, she is so far above other girls.

　大学生のときの日記には，こうも書かれている。気持ちが高揚したときに書いたものであろう。アリスへの思いが凝縮されている。

> 彼女はとても優しい娘だった。僕にかわいらしく挨拶をしてくれた。僕はこのことを一生忘れない。
> As long as I live I shall never forget how sweetly she looked and how prettily she greeted me.

　1884年，アリスは病気のため死去。まだ，22歳という若さであった。

　1886年，ローズベルトはイーディス・カーミットとロンドンで再婚する。結婚式はひっそりとしたものだったという。

　彼女はローズベルトの最初の恋人だったのである。イーディスもまた上流階級出身であった。ローズベルトは惚れやすい人だったのであろうか。初めて彼女に会ったときの印象をこう述べている。

> あんなきれいなイーディスを見たのは初めてだ。
> I don't think I ever saw Edith looking prettier.

ノーベル平和賞受賞

　大統領としてのローズベルトは，外交でも辣腕をふるった。パナマ運河の永久租借権を獲得。1904年に再選されると，モロッコ危機の平和的解決に尽力する。

　1906年には日露戦争の講和をポーツマス会議で仲裁した功績によって，アメリカ人として，またアメリカ大統領として，初めてノーベル平和賞を受賞する。

　しかし，エネルギーの塊であるローズベルトにとって，勝利とはなにか，そして，政治家として成功する人とはどんな人間か，を見てみよう。

> 平和なときに得た勝利など，戦争によって得た崇高な勝利に比べれば，たいしたものではない。
> No triumph of peace is quite so great as the supreme triumphs of war.

> 最も成功する政治家とは，だれもが考えていることを，最も大きな声でだれよりも繰り返して言う人のことである。
> The most successful politician is he who says what everybody is thinking most often and in the loudest voice.

健筆の人

　ローズベルトが生まれた家はニューヨークに残っている。4階建てのがっしりとした建物で，記念館になっており，中に入ると歴史が匂う。当時をしのぶ史跡，資料が大切に保存されているからだ。

　ローズベルトは生涯で38冊の本を書いた。多くの雑誌に論文を寄稿。政治，博物学，ハンティングと，その分野は多岐にわたる。

　ホワイトハウスを去ってから，こんなことを言っている。これ

は休むことを知らなかったローズベルトの本音であろう。

> 私ほど楽しんだ大統領はいなかった。もっといえば，私ほど楽しんだ元大統領もいなかったと思う。
> I don't think any President ever enjoyed himself more than I did. Moreover, I don't think any ex-President ever enjoyed himself more.

1919年1月6日，ニューヨークの自宅で死去。「明かりを消してください」(Please put out the light.)が最後のことばになった。ちなみにローズベルトは『忠臣蔵』を愛読し，日本びいきだったという。

coffee break

私が主張していることを大臣たちが実行しているかぎり，彼らがどんな発言をしようとかまわない。
I don't mind how much my ministers talk, as long as they do what I say.　　　　　　　　　　　　　　　（Margaret Thatcher）

ウィリアム・H・タフト

William Howard Taft

◆第27代大統領／共和党

在任期間：1909年3月4日～1913年3月4日
就任時の年齢：51歳
生没年：1857年9月15日～1930年3月8日（72歳）
ニックネーム：巨漢ビル（Big Bill）
　　　　　　　大酋長（Big Chief）
ファースト・レディー：Helen Herron Taft
当時の日本・世界：日米通商航海条約調印（1911），中華民国成立（1912）

◆大統領への出馬を打診されて

私を大統領にしようと考えて，夜更かしなどしないでほしい。そんなことは絶対にありえないし，私には大統領になる野心などまったくない。私を指名しようとするいかなる政党も，大きな間違いを犯すことになるだろう。

Don't sit up nights thinking about making me President for that will never come and I have no ambition in that direction. Any party which would nominate me would make a great mistake.

大統領にはなりたくなかった

　権力指向の強い政治家のなかで，大統領にはなりたくなかったのに，大統領になってしまった政治家といえば，第27代のタフト大統領である。冒頭のことばのとおり，よほど大統領にだけはなりたくなかったらしい。

　タフトは歴代の大統領のなかで，最も体重の重い大統領である。身長が183センチで，体重は325ポンド（146キロ）もあったという。

日本でいえば相撲取りなみの体重だ。

　タフトにつけられたニックネームは「大酋長」,「巨漢ビル」というもの。入浴中に巨体が浴槽にはまってしまい,出られなくなったことが何回もあったというからよほどの巨漢だったのだろう。

　そのため,巨大サイズのバスタブがホワイトハウスに設置されることになった。巨漢のタフト,とばすジョークもまた,スケールが大きく豪快である。

> 先日,電車のなかで席をゆずったんだ。なんと3人のレディが座れたんだぞ。
> The other day I gave up my seat in the streetcar. And three ladies sat down.

　これだけ体重があるのなら,1回の食事の量も相当なものであったろう。いつも腹が減っていたのか,汽車で旅行したときに,こんなジョークもとばしている。

> 食堂のない列車しか乗れないなら,大統領になって何の得があるんだ？
> What's the use of being President if you can't have a train with a diner on it?

恵まれた家庭環境

　タフトは,1857年9月15日,オハイオ州シンシナティで裕福な家庭に生まれる。父はシンシナティの判事をしていた。また,父はグラント政権下では陸軍長官,アーサー政権下ではオーストリア,ロシア公使をつとめた。タフトにとって政治家になるためには刺激的な環境だったのである。

　1878年,イェール大学を優秀な成績で卒業してから法律を学ぶ

ためシンシナティ大学法学部に進学する。学生時代にはスポーツにも興味を示し、フットボールの選手になる。父の事務所で法律の勉強に磨きをかけ、1880年に弁護士の資格を得る。

有能な判事、そして大統領

1888年、オハイオ州最高裁判所判事に選出される。父を見習ったのであろう。公正で有能な判事との評判を呼ぶ。

1901年にマッキンレー大統領により行政手腕をかわれて、初代フィリピン総督に任命される。フィリピンの司法、教育制度の整備に力を入れる。

1904年、ローズベルト政権下では陸軍長官として閣僚に加わる。1905年、日露戦争中に来日し、桂・タフト協定を交わしている。

1908年、共和党候補に指名され大統領選に出馬する。民主党の指名候補、ウィリアム・ブライアンに大差をつけて勝つ。

大統領に就任してから遊説にでかけていたとき、聴衆のだれかがタフトをめがけてキャベツを投げつけた。間髪を入れず、タフトはジョークをとばす。

> 私のライバルのだれかの、首がとんだようだ。
> I see that one of my adversaries has lost his head.

やはり、大統領にはなりたくなかったタフト。ホワイトハウスに入ったその初日に、こんな愚痴をこぼす。

> 他の人たちが言っていることをただ聞いていることが、大統領の仕事のようだ。
> It seems to be the profession of a President simply to hear other people talk.

国内政策では環境保護に力をいれ、郵便貯蓄制度を創設する。

外交政策では軍事力に頼るのではなく、経済力に支えられた「ドル外交」に転換をはかる。

大統領の再選にのぞんだが、タフトは現職であるにもかかわらず惨敗する。本当は大統領になりたくなかったタフト、民衆はその心の内を見抜いていたのかもしれない。

やはり法律家

1913年、ホワイトハウスを去ってからイェール大学法学部教授に就任する。就任の弁がいい。

> (教授の) 椅子では充分でないかもしれないと思ったが、大学が法学部のソファを用意してくれるのなら大丈夫だろう。
> I was afraid that a chair might not be adequate, but that if the university would provide a sofa of law, it might be all right.

タフトはどこまでも法律家。1921年、ハーディング政権下で、第10代目の最高裁判所長官に任命されている。1930年3月8日、ワシントンで死去。

coffee break

三つの主たるパーティーとは？ デモクラティック・パーティー (民主党)、リパブリカン・パーティー (共和党)、カクテル・パーティー。
What are the three major parties? Democratic Party, Republican Party, cocktail party.

Woodrow Wilson
ウッドロー・ウィルソン

◆第28代大統領／民主党

在任期間：1913年3月4日～1921年3月4日
就任時の年齢：56歳
生没年：1856年12月28日～1924年2月3日（67歳）
ニックネーム：学長先生（The School Master）
　　　　　　　平和会議の立役者（Big One of the Peace Conference）
ファースト・レディー：Ellen Louise Axson Wilson
当時の日本・世界：米騒動（1918），第1次世界大戦勃発（1914）

◆スピーチを用意するのにどれくらい時間がかかるか聞かれて

10分間のスピーチをするなら，1週間の準備期間が要る。15分間のスピーチなら3日必要だ。30分なら2日でいい。1時間のスピーチなら，いますぐにでもできる。

If I am to speak for ten minutes, I need a week for preparation; if fifteen minutes, three days; if half an hour, two days; if an hour, I am ready now.

学長大統領

　ウッドロー・ウィルソンは異色の大統領である。主要な大学の学長出身で，博士号をもった初の大統領なのである。このことは「学長先生」という，彼のニックネームに反映されている。

　ウィルソンはまれにみる名文家で，スピーチの原稿はすべて自分で書き，ゴースト・ライターを雇わなかったという。人を喰ったような冒頭のジョークは，ウィルソンにしか言えないであろう。

　学長出身の大統領であるがゆえに，大学の先生が聞いたら卒倒してしまうような激辛のジョークもとばしている。

将来のある若者たちを，極力，父親たちのような人間にはならないように教育することが大学の使命である。
The use of a university is to make young gentlemen as unlike their fathers as possible.

勉強の虫

ウィルソンは，1856年12月28日，ヴァージニア州ストーントンで生まれる。父は長老派牧師であった。少年のころは乗馬，野球などに夢中になる。

1873年，ノースカロライナ州のデイヴィッドソン大学に入学するが中退。2年後にニュージャージー大学(現プリンストン大学)に再入学し，歴史と政治学を学ぶ。学生時代は勉学だけでなく，新聞の編集，文芸などのクラブ活動にも積極的に参加する。

1879年，法律を学ぶためヴァージニア大学に入学。病気のため中途退学を余儀なくされるが，法律の勉強は続ける。1882年，ジョージア州アトランタで弁護士を開業する。

とにかく勉強が好きなのである。1883年，ジョン・ホプキンス大学に入学。大学院にすすみ，1886年に「議会政治－アメリカ政治の研究」(Congressional Government, A Study in American Politics) という論文でジョン・ホプキンス大学より政治学の博士号を取得。

エレンとの出会い

ウィルソンは2度結婚しているが，最初の妻エレンに初めて会ったときのことをこんなふうに回想している。ウィルソンの一目惚れだったのである。

なんと頭のよさそうな可愛い顔をした娘なんだろう！　なんて

> いたずらっぽく笑っている目がすてきなんだろう！
> What a bright, pretty face, what splendid, mischievous laughing eyes!

学長に就任

1890年，母校であるプリンストン大学の教授となり，1902年に学長に就任。学長時代は民主主義に徹した考え方が注目される。

1910年，民主党から推薦されてニュージャージー州知事に当選する。各種の改革を積極的にてがけ，進歩的改革者として全国にその名が知られるようになる。

変化を恐れぬ進歩的な改革者のウィルソンにとって，保守主義者はどんなふうにうつったのか。

> 保守主義者とは座って考えている人，というかほとんど座っているだけの人のことである。
> A conservative is a man who sits and thinks, mostly sits.

国際連盟の提唱

1912年，民主党候補として大統領選に出馬。現職のウィリアム・タフト大統領，前大統領のセオドア・ローズベルトという大物の候補を破り当選する。

進歩的な改革者の名にふさわしく，ウィルソンは独占禁止の法制化，関税引き下げ，連邦準備銀行の創設などに力を注ぐ。

だが，学長大統領の名にふさわしくない面もあった。最初は，女性に選挙権を与えることには消極的だったし，黒人と白人を平等に扱うことにも反対であった。

1914年，第1次世界大戦が勃発すると和平に動くが，その努力は実をむすばなかった。そして，演説の名手ウィルソンといえど

も，現実という壁を突破することはできなかった。1917年，ついに参戦を決意する。

　国際連盟の創設を提唱したウィルソンにノーベル平和賞が授与される。しかし皮肉にもアメリカは国際連盟には加入しなかった。上院が連盟に加盟することを認めなかったのである。理想に燃え，世界の平和を夢見るウイルソンは苦悩する。

> まず私の興味を引くもの，私をわずらわせるもの，それは人間ではなく，理想なのだ。理想は生きるが，人間は死ぬ。
> It is not men that interest or disturb me primarily; it is ideas. Ideas live; men die.

　政治史，歴史に明るかったウィルソンだったが，なにかと批判的な新聞に対しては強烈なパンチをくらわせる。新聞をフィクションと断定して，こう語る。

> 私は，フィクションを読むことに慣れてきたよ。
> I've been accustomed to reading fiction.

　1924年，ワシントンの自宅で死去。「私は壊れた機械」（I am a broken piece of machinery.）と言いつつ息をひきとったという。

coffee break

いちど聴衆を笑わせることができれば，スピーチに耳を傾けてくれる。そうなれば，演説者はほとんどどんなことでも言うことができる。
Once you get audiences laughing, they're listening and you can tell them almost anything.　　　(Herbert Gardner)

Warren Gamaliel Harding

ウォーレン・G・ハーディング

◆第29代大統領／共和党

在任期間：1921年3月4日〜1923年8月2日
就任時の年齢：55歳
生没年：1865年11月2日〜1923年8月2日（57歳）
ニックネーム：ぐらぐらハーディング（Wobbly Harding）
ファースト・レディー：Florence Kling De Wolfe Harding
当時の日本・世界：日英同盟破棄（1921），ワシントン海事軍縮会議（1921）

◆大統領に選ばれたことについて

私は小さな田舎町の出身で，才能だって限られている人間だ。だから，自分が合衆国の大統領であるという実感がわかないんだ。

I am a man of limited talents from a small town; I don't seem to grasp that I am President.

職業を間違えた？

　本当は大統領になるべきではなかった人。それが，ハーディング大統領である。彼は俳優になるべきであった。一歩ゆずって，レーガン大統領とは逆の人生を歩むべきであった。彼はまわりから担がれて大統領にまでなってしまったのである。

　ハーディングはハンサムでスタイルがいい。身長は183センチ。落ち着きがあり，堂々たるまさに大統領らしい風貌。濃い眉毛。引き締まった口元。それでいて謙虚で，親しみやすいときている。温厚で気さくな性格。相手をつつみこむような優しい眼差し。

　だから男であれ女であれ，彼に会った人はみな気がついたら，

彼のファンになっていたという。本人も自分の好みや性格を知っていたのか、大統領になる気はあまりなかったらしい。ホワイトハウスでの生活が始まってからも、こんなことをブツブツ言っている。

> ホワイトハウスは、私のいるところではない。初めから絶対に来るべきところではなかったんだ。
> I am not fit for the White House and should never have been here.

愛人への手紙

じつはハーディングには2人の愛人がいた。ひとりは人妻で、もうひとりは若い女性であった。若い女性の愛人に対して、こんな手紙を書いている。

> 私は刑務所に入っている。どうしても出られないんだ。
> I'm in jail and I can't get out.

歴代の多くの大統領がホワイトハウスを刑務所にたとえているが、ハーディングも例外ではなかったのだ。大統領職に身が入らない。そのためか、考えや意見に一貫性がなく「ぐらぐらハーディング」などというニックネームをつけられる。

職業を転々とする

ハーディングは、1865年11月2日、オハイオ州コーシカの農場で生まれる。8人兄弟の長男。父は医者で、農業もしていた。

少年のころから明るく誰からも好かれる性格であり、町の楽団に所属したりして青春を謳歌し、人生をおおいに楽しんだ。学校での勉強にはあまり興味がなかったようだ。

1882年, オハイオ・セントラル大学を卒業。この後, ハーディング家はマリオンに引っ越す。教職につくが肌にあわなかったのか1年後にやめてしまう。しばらくの間, 保険の勧誘員をやったり, 新聞記者として働く。記者時代に新聞の世界を知り, 興味を抱くようになって, 新聞社の獲得に乗り出す。

　1884年, 地方新聞『マリオン・スター』を発行していた倒産寸前の新聞社を300ドルで買い取り, 楽しみながら編集と経営に携わる。まだ19歳という若さであった。もっとも, 資金の300ドルは父親から借りたものではあったが。

政治家への道を歩む

　1899年, オハイオ州上院議員に選出される。1904年, オハイオ州副知事になる。1910年には, オハイオ州の知事に立候補するが落選の憂き目にあう。しかし, 簡単にはあきらめない。

　1915年, 連邦上院議員に選出される。元来は保守派であったが, 婦人参政権については賛成にまわる。

　人当たりがよかったからなのか, 応援してくれる議員仲間がふえていく。1920年, 共和党大会で大統領候補に指名される。

絶妙な選挙キャンペーン

　第1次世界大戦がおわって, 国民すべてが疲れきっていた。人々はただひたすら平和になることだけを望んでいたのである。ハーディングは国民の望みを読み取って「平常への復帰」(Return to Normalcy) を選挙運動のスローガンにした。

　その読みはずばり当たった。記録的な大差をつけて民主党候補のジェームズ・コックスを破り, 大統領に当選したのである。

　ホワイトハウスを訪ねてきた人気絶頂のコメディアン, ウィル・ロジャーズに, こんなジョークを言っている。

お金を払わないで，あなたに会うのは初めてですね。
This is the first time I ever got to see you without paying for it.

ケネディも真似たスピーチ？

　じつはハーディングは1916年の共和党大会で，歴史的ともいえるとても興味深いスピーチをしている。

政府が自分たちのために何をしてくれるかは気にするな。自分たちが国のために何ができるかを気にかけよ。これがあるべき市民の姿なのだ。
We must have a citizenship less concerned about what the government can do for it and more anxious about what it can do for the nation.

　このスピーチを読んで，すぐ思い出すのは，ケネディ大統領の就任演説の最も有名なフレーズであろう。「国が諸君のために何をしてくれるかを問い給うな。諸君が国のために何ができるかを問い給え」。ひょっとしたら，ケネディはハーディングのスピーチを参考にしたのかもしれない。

　1923年8月2日，ハーディングは遊説先のサンフランシスコのホテルで心臓発作により死去。就任2年後のことであった。

coffee break

政治の世界で，なにか言ってほしいことがあったら男に頼め。実行してほしいことがあったら女に頼め。
In politics, if you want anything said, ask a man; if you want anything done, ask a woman.　　　　　（Margaret Thatcher）

Calvin Coolidge

カルビン・クーリッジ

◆第30代大統領／共和党

在任期間：1923年8月2日〜1929年3月4日
就任時の年齢：51歳
生没年：1872年7月4日〜1933年1月5日（60歳）
ニックネーム：寡黙のキャル（Silent Cal）
ファースト・レディー：Grace Anna Goodhue Coolidge
当時の日本・世界：関東大震災（1923），パリ不戦条約（1928）

◆後任のフーバー大統領への助言

ホワイトハウスにやってくる連中の10人のうち9人は，不適切なことを頼みにやってくる。だから，こちらが死んだふりをしていれば，3，4分で相手は引き下がる。笑顔を見せたり，咳払いをしただけでも，彼らはまた同じことを言いはじめるからね。

Nine-tenths of a president's callers at the White House want something they ought not to have. If you keep dead still they will run down in three or four minutes. If you even cough or smile, they will start up all over again.

副大統領からの昇格

1923年8月2日，ハーディング大統領が死亡したとき，副大統領のクーリッジはヴァーモント・ヒルの父の農場で休暇をとっていた。真夜中に大統領の死を知らせる電報を受け取る。翌朝，ランプの灯る父親の家で，父親の司会のもと，合衆国大統領宣誓式を行う。

小さいときから無口

　クーリッジは，1872年7月4日，バーモント州プリマス・ノッチという小さな寒村に生まれる。父は農業をやりながら小売商をしていた。12歳のとき母を失う。母亡きあと，家事を手伝いよく働いた。

　クーリッジのニックネームは「寡黙なキャル」だが，子どものころからおとなしく，相当に無口であったらしい。

　1895年，マサチューセッツ州のアマースト大学を卒業。この大学は「少年よ，大志を抱け」で有名な札幌農学校の創立者，ウィリアム・クラーク博士の母校であり，博士が学長をつとめたところでもある。

　1897年，ノーサンプトンで弁護士を開業。1906年には州下院議員に選出される。真面目で律儀な性格が評価され，このあとはとんとん拍子で出世街道を歩む。ノーサンプトン市長，マサチューセッツ州上院議員，上院議長，州副知事，州知事を歴任していく。

クーリッジ流，寡黙の哲学

　クーリッジは自分が無口であることについて，数々の迷言を残している。自己主張の強いアメリカ社会のなかで，クーリッジは「沈黙は金なり」を座右の銘としたのであろう。

> 私は，自分が言わなかったことで，一度たりとも傷つけられたことはないということに気がついた。
> I have noticed that nothing I never said ever did me any harm.

> もし私たちが，座ったままじっとしていれば，人生の面倒なことの5分の4はなくなってしまうだろうに。
> Four-fifths of all our troubles in this life would disappear if

we would only sit down and keep still.

　パーティーの席で，ある婦人が友人と，口数の少ないクーリッジ大統領に少なくとも三つのことばを話させる賭けをした。その結果はいかに？

婦人：クーリッジさん，私と，お話をしてね。あなたに三つの
　　ことばを話させると，友人と賭けをしたの。
クーリッジ：アナタ　負け。
Woman: You must talk to me, Mr. Coolidge. I made a bet
　　with my friend that I could get three words out of you.
Coolidge: You lose.

　どうですか，このとぼけというか，人を喰ったようなものの言い方。だが，こんなことで驚いてはいけない。寡黙なクーリッジゆえに記者会見ともなると，記者たちはなんとか大統領のコメントをとろうと悪戦苦闘する。
　ホワイトハウスでの，記者会見のひとコマである。

「大統領，関税について，なにかコメントはありますか？」
「ない」
「農業法案について，なにかコメントはありますか？」
「ない」
「世界情勢について，なにかコメントはありますか？」
「ない」
"Do you have any comments about tariffs, Mr. President?"
"No," said Coolidge.
"Do you have any comments about the farm bill?"
"No."
"Do you have any comments about the world situation?"

"No."

会見が終わり，記者たちがホワイトハウスの大統領執務室を去るとき「これは記事にしないでくれ」と言いながら，ケッケ，ケッケと笑う，クーリッジの大きな声が聞こえてきたという。

小さな政府をめざす

クーリッジ大統領の政治哲学はいたって簡単。「**生み出す以上に費やすな，費やす以上に生み出せ**」(To spend less than you make, and to make more than you spend.) というもの。

小さな政府をめざすクーリッジは，財政削減，減税はやるが，安易な農業保護は行わないなど，次々に政策を打ちだしてゆく。このため政府債務は確実に減少していく。映画産業が全盛期を迎える。株価があがる。国民は経済の繁栄を謳歌する。

世間の予想に反して，クーリッジは，1929年の大統領選には出馬する意志のないことを表明する。翌年，故郷のノーサンプトンに戻る。地元の銀行，大学などでそれなりの役職をこなしながら執筆活動も続ける。

1933年，1月5日，心臓発作のためノーサンプトンで死去する。遺書は，23語からなる短いものだったという。最後まで，いかにもクーリッジらしい。

coffee break

彼（クーリッジ）は昼となく，夜となく，歴代の大統領のなかでいちばんよく眠った。

He slept more than any other President, whether by day or by night.　　　　　　　　　　　　　　　　　　　　（H. L. Mencken）

Herbert Clark Hoover

ハーバート・C・フーヴァー

◆第31代大統領／共和党

在任期間：1929年3月4日～1933年3月4日
就任時の年齢：54歳
生没年：1874年8月10日～1964年10月20日（90歳）
ニックネーム：偉大な技術者（The Great Engineer）
ファースト・レディー：Lou Henry Hoover
当時の日本・世界：初の国産トーキー映画（1931），世界大恐慌（1929）

◆初めて女の子の孫が生まれたとき
ああ，よかった。孫は，上院によって承認されなくてもいいのだ。
Thank God, she doesn't have to be confirmed by the Senate.

アメリカン・ドリームの体現者

　フーヴァーは完璧なアメリカン・ドリームの体現者であり，成功物語にふさわしい主役である。そして，人生でいちばん大事なことは「いかなる困難な問題に直面しても，決して諦めないこと」「持続する精神を失わないこと」を教えてくれる大統領である。

　フーヴァーは，1874年8月10日，アイオア州の小さな町ウェストブランチで生まれる。父は鍛冶屋をやりながら農業もやっていた。両親はクエーカー教を信仰し，贅沢とは無縁な質素な生活をしていた。彼が6歳のとき，父が腸チフスで死亡し，その3年後には，母までもが肺炎で亡くなってしまう。

　孤児となったフーヴァーは，オレゴン州の親戚の家に引き取られる。親戚の家で暮らすということは，多かれ少なかれ肩身の狭

い思いをするものだが、フーヴァーは意固地になることはなかった。幼くして両親を亡くしてしまい、ここからフーヴァーの苛酷な戦いがはじまる。苦況をバネにするのである。

苦学して鉱山技師になる

1891年、スタンフォード大学に1期生として入学するが、苦しい日々は続く。店員、新聞配達、ウェイターなど、アルバイトはなんでもやりながら、地質学、採鉱学を学ぶ。小さいころから鉱山技師になるのが、彼の夢だったのだ。

卒業してから、ネバダ州の金鉱で鉱夫として働く。サンフランシスコの鉱山会社では鉱山技師としての卓越した才能が認められる。技師として、インド、オーストラリア、南アフリカ、中国など世界各国をまわり、鉱脈の調査、開発を指導して国際的に名が知られるようになる。

努力のあとには巨万の富がついてくるものだ。努力家フーヴァーは鉱山実業家として成功し、40歳の若さで億万長者になった。

1914年、第1次世界大戦が勃発すると、ロンドンに住んでいたフーヴァーは、ヨーロッパに在住するアメリカ人を救済するための機関を設立し、その活動の陣頭指揮をとる。

ドイツがベルギーの中立を破ったときには「ベルギー救済委員会」の委員長として、食糧物資を届ける救済活動を指揮する。

政界への道筋

1917年、ウィルソン大統領から食糧庁長官に任命される。連合国食糧管理委員会委員長としても活躍をする。ハーディングとクーリッジ政権下では、商務長官に任命され辣腕をふるう。

1928年、共和党の候補として大統領選に出馬。民主党の対戦相手、アルフレッド・スミスに対し地滑り的な勝利を収める。

大統領になったものの、マスメディアがつきまとう。プライバシーはあってないようなもの。こんなジョークをとばす。

> アメリカ人が、プライバシーを尊敬する機会がたった二つだけある。とくに大統領に対しては。（大統領が）お祈りをしているときと、魚釣りにでかけているときだ。
>
> There are only two occasions when Americans respect privacy, especially in Presidents. Those are prayer and fishing.

　大統領になったとはいえ、フーヴァーの発想はあくまでも技術者であり、実業家である。技術者は間違いを許されないし、実業家はいつも結果をださなければならない。言い訳は禁物。

　フーヴァーは優柔不断なエコノミストに対して、こんな苦言を呈する。これは、二重の意味を利用したジョーク。

> 片腕のエコノミストを探してくれ。そうすれば、もう片方の手（On the other hand 一方で）をいつも聞かされることはない。
>
> Please find me a one-armed economist so we will not always hear, "On the other hand..."

吹き荒れる大恐慌

　孤児が苦難のすえ大統領にまでのぼりつめる。しかし、人生とは皮肉なもの。大統領の座をつかんでから7か月後に、大恐慌という悪魔があばれまわる。

　繁栄のあとの世界的規模の大恐慌。株価が大暴落し、失業者が街にあふれる。会社、銀行がつぶれる。自殺者が続出する。

　フーヴァーは公共投資の拡大、国内産業保護のための関税の引き上げなどの対策をうちだすが、どれも焼け石に水。「無策の大

統領」というイメージが国民のあいだにひろまっていく。悲しいかな1期だけの大統領になってしまう。

　しかし，さすがフーヴァー。ホワイトハウスを去ってからも，実業家としての手腕は高く評価され，トルーマン，アイゼンハワー政権下では行政改革を担当する「フーヴァー委員会」の委員長に任命されているのである。

　1944年6月27日，シカゴの共和党大会でフーヴァーは演説する。

老人が宣戦を布告する。しかし，戦い，死ぬのは若者たちだ。
Older men declare war. But it is youth who must fight and die.

日本の政治家は学ぶべし

　そして，日本の政治家全員に座右の銘としてほしいこともフーヴァーは言っている。

政治に誠実さが欠けていれば，全国民の道徳も毒される。
When there is a lack of honor in government, the morals of the whole people are poisoned.

　フーヴァーは大統領としての給料をいっさい受け取らず，そのすべてを慈善事業に寄付した。1964年10月20日，ニューヨーク市で死去。90歳の大往生であった。

coffee break

私たちアメリカ国民は，ボブという名の大統領を選んだことがない。そういう名の大統領を選ぶ時期がきていると思うね。
We've never had a President named Bob. I think it's about time we had one. 　　　　　　　　　　　(Bob Dole)

Franklin Delano Roosevelt
フランクリン・D・ローズベルト

◆第32代大統領／民主党

在任期間：1933年3月4日～1945年4月12日
就任時の年齢：51歳
生没年：1882年1月30日～1945年4月12日（63歳）
ニックネーム：FDR
ファースト・レディー：Anna Eleanor Roosevelt
当時の日本・世界：日本，国際連盟を脱退（1933），第2次世界大戦勃発（1939）

◆ホワイトハウス入りをして側近に，こんなことを語っている

私は，バッターボックスに入るたびにヒットを打つことは期待しない。可能なかぎりの高い打率をめざす。

I have no expectation of making a hit every time I come to bat. What I seek is the highest possible batting average.

4選を果たした大統領

　フランクリン・ローズベルトは，合衆国史上，唯一の3選，4選を果たした大統領である。大統領職は2期8年までとされていたが，それは慣例にすぎなかった。憲法に大統領の3選禁止が明記されたのは，1951年のことである。

　ローズベルトは偉大なコミュニケーターである。親しみがもてる話し方。そして，スピーチは理路整然としていてわかりやすい。最高のスピーチの極意を聞かれて，こう答えている。

誠実に，簡潔に，座って。

> Be sincere; be brief; be seated.

裕福な家庭

　ローズベルトは，1882年1月30日，ニューヨーク州ハイドパークの広大な敷地の大邸宅に生まれる。家からはハドソン川を見下ろすことができた。家庭は裕福でなにひとつ不自由のない恵まれた生活。欲しいものはなんでも手に入る。

　ひとりっ子のフランクリンは，自分のボートを乗りまわしてセーリングを楽しむ。乗馬を楽しむ。小学校には通わずに，家庭教師による個人授業を受ける。1年のうち数か月間も家族といっしょにヨーロッパで暮らす。

　14歳でマサチューセッツ州の寄宿制の名門，グロトン校に入学。1900年，ハーヴァード大学に進学する。さらに1904年にはコロンビア大学法学部に入学する。

　1907年，弁護士の資格を取得してウォール街の法律事務所で働く。

政治家を志す

　1910年，ニューヨーク州議会上院議員に立候補する。民主党に不利な選挙区であった。そのため選挙区をくまなく歩きまわるなど，キメの細かい選挙活動を展開する。日本でいえばドブ板選挙だ。

　その熱意が通じたのであろう。めでたく当選。行政手腕を評価され，ウィルソン政権下では海軍次官補をつとめる。

　1920年，民主党の副大統領候補に指名されるが，共和党のハーディングに破れる。いっとき政界をはなれ，弁護士活動を再開する。このときローズベルトは，まだ38歳の若さであった。

政界に復帰する

1921年の夏、カナダのカンポベロ島で小児麻痺にかかってしまう。下半身不随となるが不屈の精神で政界復帰を試みる。1928年、ニューヨーク州知事に選出される。貧困にあえぐ人たちを救済するための対策を果敢に打ちだす。

1932年、知事としての実績が評価され、民主党の大統領候補に選出される。受諾演説はわかりやすく、格調の高いものであった。そして、国民を鼓舞するものであった。

> 私は、諸君に身を捧げる。私は、アメリカ国民のためのニューディール政策に身を捧げる。
> I pledge you, I pledge myself, to a new deal for the American people.

ニューディール政策

対戦相手は、てごわい現職のフーヴァー大統領だったが、ローズベルトは圧倒的な勝利を収める。彼が提唱した最悪な経済危機を乗り切るための「ニューディール政策」(New Deal Policy)に、大恐慌で疲労困憊していた多くの国民が夢をいだき、最後の希望をつないだのである。

ローズベルトが政権をになったとき、失業率は25パーセントであった。労働人口の4人に1人が失業していたのである。金融機関は機能せず、いたるところにホームレスがあふれていた。

ジョークを武器に使う大統領

大統領に就任すると、ローズベルトは国民の不安を払拭し夢と希望を与えるべく、公共事業の促進、農民の救済、労働者の団体交渉権の容認、社会保障の充実、銀行の経営の健全化など、矢つ

ぎばやに対策を打ちだす。

改革を恐れたり，躊躇したり，過激な意見をいう人に対しては，こんな辛辣な批判をユーモアたっぷりにあびせる。

> 保守主義者とは，立派な2本の足がありながら，歩くことを知らない人のことをいう。
> A conservative is a man with two perfectly good legs who has never learned to walk.

> 急進派とは，両足をしっかりと空中に踏張っている人のことをいう。
> A radical is a man with both feet planted firmly in the air.

ローズベルトを語るときに忘れてならないのは，ラジオ番組「炉辺談話」(fireside chats)である。この番組は，1933年から1944年にかけて放送された。多くの国民が勇気づけられた。

明るく，力強く，まるで国民ひとりひとりに向かって語りかけるようにメッセージが送られてきたからである。この番組によって，国民が大統領をより身近に感ずるようになったのである。

ローズベルトは，1945年4月12日，ジョージア州ウォーム・スプリングズの別荘（リトル・ホワイトハウス）で脳溢血のため死去する。まだ，任期途中であった。10セント硬貨には，彼の肖像が使われている。

coffee break

間違いを犯すのが人間，他のだれかのせいにするのが政治。
To err is human; to blame it on someone else is politics.

Harry S. Truman

ハリー・S・トルーマン

◆第33代大統領／民主党

在任期間：1945年4月12日〜1953年1月20日
就任時の年齢：60歳
生没年：1884年5月8日〜1972年12月26日（88歳）
ニックネーム：やっつけろハリー（Give 'Em Hell Harry）
　＊選挙中にトルーマンの支持者が言ったことばから。
ファースト・レディー：Elizabeth(Bess) Virginia Wallace Truman
当時の日本・世界：原爆投下（1945），中華人民共和国成立（1949）

◆男を破滅させるもの

男を破滅させる三つのものがある。金，権力，そして女だ。
Three things can ruin a man—money, power, and women.

いろいろな顔をもつ

　トルーマンもまた，個性が強いというか，豊かというか，いろいろな顔をもっている大統領である。まずは，すごく短気であること。かなり口が悪いこと。さらに，完璧な親バカであること。そして忘れてならないのは，敗戦が決定的な日本に必要のない原爆投下を命じたこと，などなどである。

　どれほど口が悪いか。それは半端ではない。マッカーサー元帥を解任したときの，トルーマンならではの理由である。

私がマッカーサーを解任したのは，彼が大統領の権威に敬意を払わなかったからだ。彼はバカな奴だが，それで，彼を解任したのではない。バカだからといって，司令官に関する法に違反

しているわけではない。もしバカが法律違反になるのなら，半分から4分の3ぐらいの司令官は刑務所に入ることになろう。
I fired MacArthur because he wouldn't respect the authority of the president. I didn't fire him because he was a dumb son of a bitch, although he was, but that's not against the law for generals. If it was, half to three-quarters of them would be in jail.

地道な努力が実を結ぶ

　トルーマンは，1884年5月8日，ミズリー州の小さな町ラマーの農場に生まれる。長男であった。父は馬の売買をして生計をたてていた。トルーマンは笑みを絶やさず，いつもさっぱりとした身なりをしていて，何にたいしても精力的に活動する，そんな少年であったという。

　高校を卒業したあと，郵便局で仕分けの仕事をしたり，銀行で簿記係をつとめたり，新聞社などで働く。ウェスト・ポイント陸軍士官学校を受験するが，視力が弱いため不合格になる。

　彼は子どものころから度の強いメガネをかけていたのだ。名門の陸軍学校に入学できず失望する。カンザスシティ大学に入学するが途中でやめてしまう。

　1905年，ミズリー州軍に入隊。第1次世界大戦にアメリカが参戦すると，砲兵中尉としてフランス戦線に従軍し大尉にまで昇進する。

　商売には向いていなかったのか，除隊してからカンザスシティで洋品店をやるが破綻してしまう。

トラに乗るようなもの

　カンザスシティ法律学校で法律を学ぶ。1922年，民主党に入党。

ジャクソン郡の判事になる。1934年, ミズリー州上院議員に当選。

1944年の大統領選でローズベルトが4選されたとき, 議員としての活動が高く評価され民主党の副大統領に選出される。

就任の3か月後, ローズベルト大統領の死去により大統領に昇格。それは, あまりにも突然のことであった。まずは, 彼の大統領としての哲学から。

> 大統領になるということは, トラに乗るようなものだ。乗り続けるか, さもなければ喰われるかだ。
> Being a President is like riding a tiger. A man has to keep on riding it or be swallowed.

これぞ親バカ

さて, 彼の親バカぶりに話を移そう。これもまた半端ではない。トルーマンは身内の者が批判されると, いつも激怒したという。

トルーマンのひとり娘, マーガレットは歌手であり, 女優でもある。『ワシントン・ポスト』紙にマーガレットへの音楽批評が掲載された。それはかならずしも好ましいものではなかった。

トルーマンは半狂乱になって, 原稿を書いた批評家にこんな手紙を送りつけた。これ以上の悪態はない。

> おまえというヤツは, これまで1度も成功したことのない, 欲求不満の老いぼれのようだ。腐りきった人間だから, 腐った仕事しかできないだろう。これからも腐った仕事をやっていくのだろう。いつか, おまえに会いたいと思っている。会ったときは, おまえは新しい鼻がいることになるぞ。(殴られて) 痣になった目を冷やす生の牛肉も, 山ほど必要になるだろう。それと, 下半身を守るサポーターもな。
> You sound like a frustrated old man who never made a

success, an eight-ulcer man on a four-ulcer job and all four ulcers working. Someday I hope to meet you. When that happens you'll need a new nose, a lot of beefsteak for black eyes, and perhaps a supporter below!

ホワイトハウスを去ってからも，トルーマンの口の悪さは衰えることがなかった。彼は76歳になっていた。1960年の大統領選で，ケネディ候補の応援演説をしたのはよいが，思いあまってか，こんな暴言を吐く。

ニクソンに投票する奴らは，くたばっちまえ。
Anyone who voted for Nixon should "go to hell."

よほどニクソンが嫌いだったのだろうか。罵詈雑言の勢いはとまらない。

リチャード・ニクソンはダメ男で，ウソつき野郎だ。彼は口の両側で，同時にウソが言える。
Richard Nixon is a no-good, lying bastard. He can lie out of both sides of his mouth at the same time.

トルーマンは，1972年12月26日，ミズリー州カンザスシティで死去する。クリスマスの翌日であった。

coffee break ……..●………..●……….…●………....●………...●……….…●

ワシントンに行って友達が欲しいときには，イヌを連れていくべきだと，私は教えられてきた。
I've been told that if you want a friend when you go to Washington you should take a dog.

…..●………..●……….●……..●……….●……...●……….…●……….…●

Dwight David Eisenhower

ドワイト・D・アイゼンハワー

◆第34代大統領／共和党

在任期間：1953年1月20日〜1961年1月20日
就任時の年齢：62歳
生没年：1890年10月14日〜1969年3月28日（78歳）
ニックネーム：アイク（Ike）
ファースト・レディー：Marie（Mamie）Geneva Doud Eisenhower
当時の日本・世界：安保騒動（1960），ヨーロッパ経済共同体調印（1957）

◆大統領に選出されて

刑務所に入れられて，自分用の死刑台が作られていくのを，この目で見ているような気持ちだよ。

I feel like the fellow in jail who is watching his own scaffold being built.

ニックネームはアイク

アイゼンハワーのニックネームは「アイク」だが，ニックネームでもってこれほど国民に愛された大統領もめずらしい。このニックネームは古く，彼がまだ高校生のときにつけられたものである。

選挙のときには，"I like Ike."（私はアイクが好きだ）が語呂あわせのいい，絶妙なスローガンとして使われた。

アイゼンハワーもまた大統領にだけはなりたくなかったのに，まわりから担がれて大統領になってしまった人である。

彼は生粋の職業軍人ではあったが，絶妙なバランス感覚も持ちあわせていた。大統領にはなりたくないという本人の意志は相当に強かった。まわりから大統領への出馬をすすめられたとき，彼

は毅然として、こんなことを言っている。

> 私は、野犬の捕獲人から宇宙の大王にいたるまで、いかなる政治的なポストにも就く気はまったくない。
> I cannot conceive of any circumstance that could drag out of me permission to consider me for any political post from dogcatcher to Grand High Supreme King of the Universe.

> 私は軍人だ。そして軍人になることしか考えたことがない。名誉に浮かれる人間ではないのだ。
> I am a soldier, and that's all I ever want to be. I'm no glory-hopper.

貧しい家に生まれる

アイゼンハワーは、1890年10月14日、テキサス州の小さな村デニソンで生まれる。7人兄弟の3男であった。アイクが赤ん坊のころに、家族はカンザス州の開拓地アビリーンに引っ越す。父は小規模の農業をやっていた。アイク少年は貧しい家計を助けるために畑仕事を手伝いながら野菜を売り歩く。

職業軍人になる

高校を卒業してからバター製造所で働くが、家が貧しかったので大学への進学はあきらめる。そして軍人を志す。

1915年、ウェスト・ポイント陸軍士官学校を卒業。成績はあまりよくなかったが、フットボールの選手としては活躍する。卒業後、陸軍少尉としてテキサスに赴任し、大尉、少佐と昇進していく。

1935年からフィリピンで、ダグラス・マッカーサー将軍の補佐官をつとめる。飛行機の操縦を習う。

第2次世界大戦では、連合軍総司令官としてフランスのノルマンディー上陸作戦を成功させる。「私に選択の余地はない。さあ行こう、諸君」が、このときの合い言葉。パリを解放したことにより、アイクの名は世界中にとどろく。

　1945年、陸軍参謀総長になる。「**指揮官はまず楽観的であることが重要。指揮に自信と情熱と楽観の匂いがなければ、勝利はおぼつかない**」というのが、彼の軍人哲学である。

家のなかでも軍人

　アイクは新婚ほやほやの若い妻メイミーに、こんな冷たいことを言ったという。このときメイミーは、まだ19歳であった。

> いまも、この先も、私には国がまず第一で、おまえは二の次なんだ。
> My country comes first and always will. You come second.

大統領にされる

　1949年、退役してコロンビア大学学長をつとめるが、まわりは彼を放ってはおかない。1950年、トルーマン大統領の要請により、ＮＡＴＯ（北大西洋条約機構）の軍最高司令官となる。1952年、大統領選挙で国民的英雄として共和党候補に担ぎだされる。

　対戦相手は民主党候補のアドレー・スティーブンソン。彼の豊かな教養に裏打ちされた格調高い演説は有名である。

　だが、国民的な英雄であるアイクの前に、スティーブンソンの教養は通用しなかった。アイクは地滑り的な勝利を収める。20年ぶりの、共和党による政権奪還である。

すぐれたユーモア感覚

　軍人あがりの大統領アイクだが、ユーモアのセンスはなかなかなもの。彼自身、指導者としてユーモアの効用、重要性をしっかりと認識している。

物事を成しとげたり、人とうまくやってゆくうえで、指導的立場に立つ者には、ユーモアのセンスが必要である。
Sense of humor is part of art of leadership, of getting along with people, of getting things done.

甘い称賛は香水のようなものだ。飲み込まなければ問題はない。
Sweet praise is like perfume. It's fine if you don't swallow it.

　大統領就任式の直前、アイクとメイミーは就任舞踏会への招待状を受け取った。「どうしましょうか？」と聞くメイミーにアイクは真顔で答える。

断りなさい。他に約束があるからと言いなさい。
Turn it down. Tell them we've got another engagement.

　いやいやながら選ばれてしまったアイク。余裕がでてきたのか、大統領になった利点を聞かれて、こんなジョークを言っては周囲の雰囲気を和らげる。

大統領になると、一つだけいいことがある。私以外だれも、人に"着席"と指図することはできないことだ。
There is one good thing about being President. Nobody can tell you when to sit down.

　なるほど、言われてみればそのとおり。記者会見のときに大統領が現れると、みんないっせいに起立する。そして、大統領の「指

図」により着席する。

ハゲ頭を笑う

アイクはまだ40代のときに頭が完全にハゲ上がってしまった。マニラで会ったとき，メイミーはアイクの頭を見て驚く。こんなときも，アイクは少しも驚くことなく，ジョークをとばした。

> 涼しくなるように，髪は短く刈り込んだよ。
> I cropped my hair to keep cool.

財務長官のジョージ・ハンフリーもアイゼンハワーのようにハゲ頭であった。ハンフリーによれば，アイゼンハワーが初めて彼に会ったときも，こんなジョークをとばしたという。

> ジョージ，君は僕と同じように髪をとかすようだな。
> George, I see you comb your hair the way I do.

アイクのジョークは外交の場でもいかんなく発揮された。

ヨーロッパでの戦争が終結し，アイクはスターリンに招待されてソ連を訪問したことがある。このとき，ベルリン攻略戦を指揮したジェーコフ元帥にこんなことを言ったという。

> もしソヴィエト連邦で失業なさったら，貴殿なら絶対にハリウッドで活躍できますよ。
> If you ever lose your job in the Soviet Union, you can surely get one in Hollywood.

このときジェーコフは大いに笑った。会談の雰囲気も和やかなものになったにちがいない。ちょっとしたジョークは緊張の緩和に役立つのである。

軍人，そして，大統領としての警告

ホワイトハウスを去るにあたり，最後のテレビ演説でアイクは，こんな警告を発している。やはり彼は，単なる軍人あがりの大統領ではなかったのである。

> 政府の組織において，我々は，産軍複合体制が意図的なものであろうとなかろうと，不当に影響力を獲得することには警戒しなくてはならぬ。
> In the councils of government, we must guard against the acquisition of unwarranted influence, whether sought or unsought, by the military industrial complex.

1969年3月28日，ワシントンの病院で死去する。「私は行きたい。神のお召しだ」(I want to go; God take me.) が，最後のことばであったという。

coffee break

正直で知的な政治家をなんと呼ぶか？　絶滅種。
What do you call an honest, intelligent politician? Extinct.

John Fitzgerald Kennedy

ジョン・F・ケネディ

◆第35代大統領／民主党

在任期間：1961年1月20日～1963年11月22日
就任時の年齢：43歳
生没年：1917年5月29日～1963年11月22日（46歳）
ニックネーム：ＪＦＫ
ファースト・レディー：Jacqueline Lee Bouvier Kennedy
当時の日本・世界：東京の人口一千万人突破（1962），キューバ・ミサイル危機（1962）

◆大統領になった感想を聞かれて
大統領になるのはいいもんだよ。給料がいいし，職場に歩いて行ける。
I like being President. The pay is good and I can walk to work.

　大統領なのに，職務としての内政や外交問題をどう処理するかなどというお堅い話はいっさいしない。この簡潔で，短いジョークに記者団だけでなく，アメリカ全国民があっけにとられ，そして大いに笑い，拍手を送った。
　アメリカの大統領はホワイトハウスに住むことになっている。それを「職場に歩いて行ける」と言ったものだから，大衆にとってはたまらない。

おまえの番だ

　アイゼンハワーはなりたくなかった大統領であったが，ケネディの場合には大統領になることを運命づけられていた。それは逃

れることのできない，宿命であったともいえる。

　ケネディは，1917年5月29日，マサチューセッツ州ブルックラインで9人兄弟の次男として生まれる。父親のジョゼフは銀行家，実業家として成功し億万長者であった。ジョゼフは長男のジョーを大統領にするつもりであった。

　だが，ジョーは危険な任務につき戦死する。次男のジョンが「おまえの番だ」ということになった。

ジョークでかわす

　ケネディの就任演説はアメリカ国民だけでなく，世界中の人たちを魅了した。「国が諸君に何ができるかを問い給うな。諸君が国に何ができるかを問い給え」（Ask not what your country can do for you－ask what you can do for your country.）のフレーズに 世代を越えて全国民が熱狂した。

　この伝説化したフレーズは，いまなお，国境を越えて多くの人たちが口ずさむことができるであろう。

　ケネディが大統領に就任したのは43歳のとき。選挙で選ばれた大統領としては史上最年少。選挙のとき共和党は，ケネディが若すぎて大統領の職に必要な実績と経験に欠けていると執拗に攻撃した。これに対して，ケネディはどう答えたか。

> みなさん，今週の目立ったニュースは国連の行事でも，大統領選でさえありませんでした。それは私の故郷のボストンからのニュースで，ボストン・レッドソックスのテッド・ウィリアムズ選手が野球から引退した話でした。42歳では年をとりすぎているらしいのです。このことは，おそらく，経験だけでは充分ではないことを示しています。
>
> Ladies and gentlemen, the outstanding news story of this

> week was not the events of the United Nations or even the Presidential campaign. It was a story coming out of my own city Boston that Ted Williams of the Boston Red Sox had retired from baseball. It seems that at forty-two, he was too old. It shows that perhaps experience isn't enough.

　最も脚光を浴びている花形選手を引き合いにだしての，なんという巧みな切り返しであろうか。ウィリアムズ選手といえば，3冠王2回，首位打者6回，MVP2回獲得の大選手なのである。

　ジョークやウイットの妙味は，まさに当意即妙にある。これを聞いた一般大衆は，以降ケネディは経験に欠けるという共和党からの批判，攻撃をまったく問題にしなくなるのである。

億万長者の父親

　ケネディ家はアメリカでも有数の大富豪であるため，父のジョゼフが票をお金で買っているという噂が流れた。これは無理もない。ジョゼフは「政治の世界で勝利を収めるには3つの必要なものがある。第1に金，第2に金，第3に金」(There are three things necessary for political victory. The first is money, the second is money and the third is money.) などと平然と言ってのけているからである。

　これらの噂に対するケネディの反応は早かった。ワシントンでの夕食会で，父親から電報が届いたといって，それを読み上げたのである。

> 1票たりとも必要以上に票を買ってはならない。地滑り的勝利を収めるほどの金は絶対に払わないぞ。
> Don't buy a single vote more than necessary. I'm not going to pay for a landslide.

この電報は実際に父親から送られてきたものではなく、ケネディによる即効の創作だと考えられている。ユーモアあふれる心憎いほどの演出は、ケネディが最も得意とするものであった。

戦争英雄

ケネディが西海岸を旅行したときのこと。地元の少年から「なぜ、戦争英雄になれたのですか」と聞かれて、こんな答えをしている。

> まったく望むところではなかったんだがね。彼らが、私のボートを沈めたからさ。
> It was absolutely involuntary. They sank my boat.

1943年8月、ケネディたちの乗るPTボートはソロモン諸島沖で日本の駆逐艦と衝突し、ボートは沈没した。その後の決死の救助活動により、ケネディは一躍、戦争英雄になり全米にその名をとどろかせたのである。

前述したように、ケネディが大統領をめざすにあたって障害になったのは若すぎるということ、経験が浅いということ、さらにカトリック教徒であるということであった。

しかし、ケネディはユーモアあふれる弁舌でこれらのハンディを次々に乗り越えていった。ジョークを難局を切り抜けるための最大の武器として使用したのである。

とはいえ、ニクソンとの一騎打ちで、大統領選史上まれな11万票という僅差の一般投票で当選した大統領でもある。

弟を司法長官に任命

父親のジョゼフは選挙中にはいっさい表に顔を出さなかった。財力にものをいわせ潤沢な資金を提供し続けたが、あくまでも黒

子に徹していたのである。ところが組閣の段階になると、大いに口をはさんだ。3男のロバートを司法長官にすることをケネディに命じたのである。

これにはロバートが若すぎて、法律家としてなんの経験もないことや身内で固めすぎるという世論からの反発があった。だが、ケネディは父親の意向を無視するわけにはいかなかった。父親抜きで、大統領にまで登りつめることはできなかったからである。

それで、こんな釈明をする。

法律を本業とする前に、彼にちょっと法律の経験を積ませるのは、私としては間違っているとは思いません。
I can't see that it's wrong to give him a little legal experience before he goes out to practice law.

ジョゼフが執拗にロバートが司法長官になることにこだわったのは、ケネディが海軍の情報部に在籍していたときにスパイ容疑をかけられていた女性と付き合い、FBI長官フーヴァーに、その弱みをにぎられていたからだとされている。ちなみに、FBIを管轄するのは司法長官である。

ファースト・レディー

ここでアメリカの大統領夫人、ファースト・レディーについて触れておこう。ファースト・レディーは、私人であるにもかかわらず、実際の地位は日本の首相夫人のそれとは決定的に違っている。むしろ皇后陛下に似ている。日常のすべての行動が世間の注目を浴びるし、儀式とはいえ、否応なく外国の元首や政府首脳に接しなければならないからだ。

若さと美貌を誇るジャクリーンは、歴代のファースト・レディーのなかでも最も華やかな存在であった。彼女はホワイトハウス

に王朝的雰囲気をかもし出したとされている。

　このことをケネディは大いに利用した。パリを訪ねたときヴェルサイユ宮殿での晩餐会で、こんなジョークをとばした。

> この会場にお集まりの皆さまに、このように自己紹介させていただいても、あながち不適切なことだとは思いません。私は、パリまでジャクリーン・ケネディに随行してきた男です。そして、そのことをとても愉しんでいます。
> I do not think it altogether inappropriate to introduce myself to this audience. I am the man who accompanied Jacqueline Kennedy to Paris, and I have enjoyed it.

　このジョークで、会場はしばらくの間、爆笑の渦に包まれたことであろう。そして、会場の雰囲気が一挙に和やかなものになったであろう。ジャクリーンにはパリでの留学経験があるし、彼女はイタリア語、スペイン語だけでなく、フランス語も流暢に話せたのだから。

　1963年11月22日、ケネディは遊説先のダラスで暗殺された。側近には「できれば、ダラスには行きたくない」と、もらしていたという。

coffee break……●……●……●……●……●……●

池田勇人首相はホワイトハウスでケネディ大統領に会っている。そのときケネディは池田首相に真顔で「**戦争のときに日本軍に背中をやられてね**」と言ったという。すると池田もすかさず「**私は広島の生まれです**」(I was born in Hiroshima.) と言ったという。どちらの話も本当の話である。このやりとりで、2人の距離が一挙に縮まったにちがいない。

……●……●……●……●……●……●……●

Lyndon Baines Johnson

リンドン・B・ジョンソン

◆第36代大統領／民主党

在任期間：1963年11月22日〜1969年1月20日
就任時の年齢：55歳
生没年：1908年8月27日〜1973年1月22日（64歳）
ニックネーム：ＬＢＪ
ファースト・レディー：Claudia Alta (Lady Bird) Taylor Johnson
当時の日本・世界：東海道新幹線開通(1964)，ロバート・ケネディ暗殺(1968)

◆大統領職について

私はニクソンに言ってやったのさ。「大統領になるということは，あられの大降りにさらされているロバのようなものだ。立ちすくしたまま，あられに打たれ，ほかになす術がないのさ」とね。

I once told Nixon that the Presidency is like being a jackass caught in a hail storm. You've got to just stand there and take it.

機内で宣誓

　大統領の就任宣誓式はキャピトル（連邦議事堂）で行うのがならわしになっている。だが，第36代大統領のリンドン・B・ジョンソンは，テキサス州ダラス市郊外のラブフィールド空港のエアフォース・ワン（大統領専用機）の機内で宣誓を行った。

　機内にはケネディ大統領の遺体が安置されていた。1963年11月22日のことである。傍らには，バイブルを手にしたジョンソン夫人（レディー・バード）と顔面蒼白のケネディ夫人（ジャクリーン）がいた。彼女のピンクのスーツは血に染まっていた。吹き出

る夫の血をあびたのである。これはケネディが暗殺された99分後のことである。

　世界最高の権力者であるアメリカの大統領ともなれば，たとえどんなことが起ころうとも，1日とて大統領の不在は許されないのである。「継続しようではないか」(Let Us Continue!) を合い言葉に，ジョンソンはケネディ路線をそのまま継承することを国民に約束した。閣僚とスタッフには留任を求めた。

　議会工作を得意とし，政界の「寝業師」と呼ばれたジョンソンではあったが，それでもケネディが出していた法案を議会で通過させるのは簡単なことではなかった。1963年11月27日，上下両院合同会議にて，ジョンソンはケネディへの哀悼の意を込めて，こんな感想をもらしている。

> 今日，この国会に立たないですむのならば，私は自分の所有するすべてを喜んで与えたであろうに。
> All I have I would have given gladly not to be standing here in Congress today.

公民権法案の成立

　ジョンソン政権の最大の功績は，ケネディ時代に準備されていた公民権法案を議会に認めさせたことであろう。これによって，教育，公共施設利用等における人種差別行為がすべて違法となり，差別撤廃が強制力をもつことになったのである。この法案が通るまでには，どれほどの年月がかかり，どれほどの血が流されてきたことか。

　1908年8月27日，ジョンソンはテキサス州ストーン・ウォール近郊の農場で生まれる。5人兄弟の長男。祖父も父も州議会議員の経験があり，政治家になるには理想の環境であった。

ジョンソンはサウスウェスト・テキサス州立教育大学を卒業したあと教職をめざし，公立学校の教師になる。高校でパブリック・スピーキングを教えるが，教員生活は長くは続かず，議員秘書になる。

　1937年，民主党から連邦下院議員補選に出馬して当選。第2次世界大戦中は海軍少佐として活躍。1948年には上院議員になる。1953年には上院史上最も若くして民主党の院内総務を任せられる。まだ45歳であった。

　ジョンソンは大統領になってから教員時代を，こんなふうに回想している。

ホワイトハウスの仕事（大統領職）は公立の教職より給料がいい。だが，在職権は不安定だよ。
My White House job pays more than public school systems, but the tenure is less certain.

　大統領の任期は最大で2期（8年）。2期目だって選挙で勝たなければ大統領になれないし，3期つとめることは憲法で禁止されている。また，大統領は「反逆罪，収賄罪，その他の重罪などで弾劾され，有罪の判決を受けたときには職を失う」ことが憲法で規定されている。

　そのへんの事情を "the tenure is less certain" と表現して，このジョークの面白さを倍加させているのである。

下品なことばの連発
　テキサスの田舎育ちのジョンソンは下品で汚い言葉を使うことでも有名。経済学の権威ガルブレイス博士に，また記者団に，こんなことを言っている。

なあ，ケン，経済学に関してスピーチをするということは，君の足にオシッコをかけることとかなり似ていると思うんだがね。君には熱く感じられるかもしれんが，他の人にはまったく熱く感じられないんだよ。
Did you ever think, Ken, that making a speech on economics is a lot like pissing down your leg? It seems hot to you, but it never does to anyone else.

君たち，政治の世界では一夜にして，チキンのウンコがチキン・サラダに変わりうるということを学ばなくちゃだめなんだよ。
Son, in politics you've got to learn that overnight chicken shit can turn to chicken salad.

政界の寝業師

　政界の寝業師という異名をとったジョンソン大統領の議会運営の手腕は確かなものであった。公民権法案を通過させた以外にも，若者に教育費を補助する教育援助法案を通過させた。

　ケネディの死後，ジョンソンはたったの1年で，89もの法案を議会に承認させたのである。1964年の大統領選挙では共和党のゴールドウォーターに対して，一般投票では史上最大の差をつけて勝利を収める。まさに地滑り的な大勝利。

　当選後の最初の年頭一般教書演説で「偉大な社会」建設計画を発表する。社会福祉，環境保護問題などについて，目標にすべき指標を示したのである。いまでこそ環境問題が深刻な社会問題として捉えられているが，国家元首として明確な形で先鞭をつけたのはジョンソンであろう。

　内政では完璧ともいえる力量を発揮したが，外交では失敗の連続であった。とくにヴェトナム戦争はジョンソン政権を窮地に追

いやった。国内では反戦デモ，徴兵拒否運動が激しくなる。

増えつづける戦費と戦死者の数。追いつめられたジョンソンは，1968年3月，テレビ演説で大統領選への不出馬を表明。泥沼化したヴェトナム戦争についてジョンソンは，こんな比喩を使って心の悩みを打ちあけている。

> 一つ目の義理の母がいて，しかも，その一つ目が額の真ん中についていたら，諸君だってその義理の母をリビング・ルームには居させないだろう。
> If you have a mother-in-law with only one eye and she has it in the center of her forehead, you don't keep her in the living room.

ヴェトナム戦争を語るのに，ジョンソンはなぜ唐突に，「義理の母」を登場させたのであろうか。英語のジョークの世界では，義理の母はいつも嫌われ者，やっかい者として扱われる。夫からすれば，妻の母親がその対象なのである。

日本では嫁と夫の母親との関係がなにかと問題になるが，英語圏では逆になっている。ジョンソンは，義理の母親を気味の悪い一つ目にした比喩を使って，ヴェトナム戦争について語ることがいかに不愉快なことであるかを強調しているのである。

このジョークを聞かされた記者団は，妙に納得させられたのではないか。下手をすると論理のすり替えに気がつかなかったかもしれない。記者たちも小さいころからジョークにより，義理の母親はいやな存在であるということを刷り込まれてきたであろうから。

これぞジョークの妙味

日本も二大政党の時代に入ったかにみえるが，お互いの党に対

して重箱のスミをつつくようなことはせず，こんなジョークを言って相手をやりこめてもらいたいものである。なにかと品格が問題になったジョンソンだが，こんなユーモラスなジョークで共和党を茶化しているのである。

> 私はいつも小さなパーティーが好きなんだ。リパブリカン・パーティー（共和党）は，まさに，私が好きなサイズだ。
> I always liked small parties, and the Republican Party is just about the size I like.

これは，party の二重の意味を利用した，なかなか気のきいたジョークである。こんなことを言われたら，共和党のどの議員もしてやられたと思うであろう。

coffee break ……●………●………●………●………●………●

民主主義とは，だれもが大人になったら大統領になれるということ，大人になりきれない人は副大統領になれるということである。
Democracy means that anyone can grow up to be President, and anyone who doesn't grow up can be Vice-President.

(Johnny Carson)

……●………●………●………●………●………●………●………●

Richard Milhous Nixon

リチャード・M・ニクソン

◆第37代大統領／共和党

在任期間：1969年1月20日～1974年8月9日
就任時の年齢：56歳
生没年：1913年1月9日～1994年4月22日（81歳）
ニックネーム：策略家ディック（Tricky Dick）
ファースト・レディー：Thelma Catherine (Pat) Ryan Nixon
当時の日本・世界：沖縄祖国復帰実現（1972），アポロ11号で人類初の月面到達（1972）

> ◆テレビに出演し，司会者デイヴィッド・フロストのインタビューに答えて
>
> 私はウソを言ったのではない。後になって，真実ではないと思われるようなことを言ったのだ。
> I was not lying. I said things that later on seemed to be untrue.

栄光と挫折

　歴代のアメリカ大統領のなかで，ニクソンほど浮き沈みの激しい人生をおくった者はいない。それは栄光と挫折の繰り返しであった。今度こそは政治家としての生命が断たれたと思いきや，どん底から不死鳥のように甦る。それは結末がまったく予想できないドラマのようなものである。

　ニクソンは，1913年1月9日，ロサンゼルスから48キロ離れた小さな農村で生まれる。人口わずか200人。厳しいクエーカー教徒の家庭に育ち，5人兄弟の2番目だった。

　ファースト・ネームのリチャードは，英国で「獅子心王」として名高いリチャード1世の名前にちなんでつけられたという。父

親が大富豪のケネディとは別の意味で，ニクソンは将来，国の指導者になることが運命づけられていたのかもしれない。

高校時代の成績はトップ・クラスであり，特に弁論術にたけ，はやくも周囲の人たちを魅了したという。

ハーヴァード，イェールなど，東部の有名大学に入学する資格は十分にあったものの，経済的な理由で名の知られていない地元のホイッテア大学に入学し，苦学を強いられる。

若き副大統領
この後，デューク大学法律大学院にすすむが，ここでもアルバイトを余儀なくされる。

第2次世界大戦では海軍に従事し，海軍将校として活躍。1946年にはカリフォルニア州から連邦下院議員に立候補し，現職の議員を破り当選。1950年には上院議員に当選。

しかも，1952年の大統領選挙では，第34代のアイゼンハワーのランニング・メート（副大統領候補）に指名され，副大統領になる。まだ39歳。副大統領を2期（8年間）つとめる。

選挙では負け知らず，この若さでなんという華麗なる人生であろうか。連戦連勝のニクソンは政治について，こんなことばを残している。

オリンピックで2位になれば，銀メダルがもらえる。政治の世界で2位になれば，忘れ去られる。
Finishing second in the Olympics gets you silver. Finishing second in politics gets you oblivion.

ケネディに敗れる
1960年には共和党の大統領候補に指名される。対戦相手は民主

党のケネディ。ニクソンの栄光への道はまだまだ続くと思いきや，僅差で破れる。一般人投票での得票率の差はなんと0.2%であった。政治家ニクソンにとって，初めての敗北である。

このとき初めてテレビ討論が実現した。討論は合計4回行われたが，ニクソンの敗因は討論の内容よりも，ケネディと比較してテレビ映りが悪かったと言われたものである。ニクソンは遊説先から帰ってきたばかりで，顔色も悪く疲労がたまっていた。ひどくやつれて見えたのである。

その証拠に，この討論をラジオで聞いていた多くの人々は論戦の凄さからして，ニクソンが勝ったと思っていた。ケネディに敗れたとはいえ，こんなことではひるまないのがニクソン。こんなジョークをとばす。

敗れたからからといって，人の人生が終わるわけではない。人の人生はしりぞいたときに終わるのだ。
A man is not finished when he is defeated. He is finished when he quits.

ケネディに負けてニクソンは故郷のカリフォルニアに帰る。そこで，捲土重来。知事選挙にうってでるが，ここでも一敗地にまみれる。あのアイゼンハワーの副大統領を経験した者が知事選に敗れる。ニクソンにしてみれば，これほどの屈辱はなかったであろう。さすがのニクソンも弱気になる。

諸君，もうこれ以上ニクソンをたたく必要はない。これが私にとって，最後の記者会見になるからだ。
You won't have Nixon to kick around any more, gentlemen. This is my last press conference.

あきらめない男

　事実上，政界引退を表明したにもかかわらず，そのあとに大統領の座をしとめたのはニクソンだけであろう。ニクソンは副大統領のときに，不正な献金を受けていると追及されても全国向けのテレビ放送で，

> 私は辞任すべきだとは思わない。なぜなら，私はあきらめない男だからだ。
> I don't believe I ought to quit because I am not a quitter.

と反論しているのである。

　反共の闘士，権力へのあくなき野望，激情，狡猾，偏執症など，ニクソンが語られるときには必ず使われる，否定的な側面のレッテルである。事実，ニクソンのニックネームは「策略家ディック」である。

　しかし，本人が言っている「あきらめない男」が，ニクソンの性格を最もよくあらわしているのではあるまいか。というのも，ケネディとの対決で僅差で敗れたニクソンだが，ケネディのスピーチを担当した大統領特別顧問テッド・ソレンセンとのあいだで，こんなユーモラスなやりとりがあったという。

> 「テッド，私がケネディの就任演説に聴きいったことは認めるよ。演説のなかで，自分でも言ってみたかったフレーズがあったなあ」
> 「ありがとう，ニクソンさん。"国が諸君のために何をしてくれるかを問い給うな"の部分でありましょう」
> 「違う，違う。私が言いたかったのは"私は厳粛に誓う"のところだよ」
> Nixon: Ted, I have to admit that I listened to the inaugural

> address, and there were some words that Jack Kennedy said that I wish had said.
>
> Sorensen: Well, thank you, Mr. Nixon. I guess you mean the part about "asking not what your country can do for you."
>
> Nixon: No, no. I mean the part about, "I do solemnly swear."

　ニクソンのユーモア感覚はたいしたもの。実際にニクソンは，副大統領としてケネディの名演説を間近で聞いていたのだから。ちなみに，大統領就任の宣誓は35語からなる短いものである。

> 私は，合衆国大統領の職務を忠実に実行し，全力を尽くして合衆国憲法を保全し，保護し擁護することを厳粛に誓う。
> I do solemnly swear that I will faithfully execute the Office of President of the United States, and will do the best of my ability, preserve, protect and defend the Constitution of the United States.

　ニクソンは，1969年と1973年に晴れ舞台，連邦議事堂でこの宣誓を行った。幸運の女神は「あきらめない男」に2度も微笑んだのである。しかも，2度目の就任演説で，こう語っている。

> 我々の人生において，各自が問うてみよう。政府が私のために何をしてくれるかではなく，私は自分自身のために何ができるかと。
> In our own lives, let each of us ask—not just what will government do for me, but what can I do for myself?

　これは，ケネディの就任演説の有名なフレーズのパロディであろう。やはり，ニクソンもこの部分を使ってみたかったのである。

ウォーターゲート事件

だが，2期目のときにウォーターゲート事件が発覚する。ワシントンＤＣにあるウォーターゲートビルの民主党の本部に5人の男が侵入し，逮捕されたのである。

侵入の目的は盗聴装置を仕掛けることだったことが判明した。ニクソンは関与を全面的に否定しつつ，こんな迷言を吐く。

> 大統領がすることはなんであれ，違法ではない。
> When the President does it, that means it's not illegal.

歴代の大統領のなかで，任期中に辞任に追い込まれたのはニクソン大統領だけである。自分がまいた種とはいえ，これは汚点であり屈辱である。

1994年4月22日，ニューヨークで死去。

coffee break

ニクソンはホワイトハウスでリンカーン大統領の写真に話しかけていた。「大統領，私はあなたの助言が必要です。私がそうであるように，大統領も革命，戦争，無政府状態を経験されました。私は何をすべきでしょうか？」
写真のリンカーンは，ニクソンに「劇場へ行きなさい」と助言した。［リンカーンは劇場で撃たれた］
Nixon was talking to the picture of President Lincoln in the White House. "Mr. President," he asked, "I need your advice. You had the same thing when you were President as I have now: revolution, war, anarchy. What should I do?"
Lincoln looked out from his picture and said: "Go to the theater."

Gerald Rudolph Ford

ジェラルド・R・フォード

◆第38代大統領／共和党

在任期間：1974年8月9日～1977年1月20日
就任時の年齢：61歳
生没年：1913年7月14日～2006年12月26日（93歳）
ニックネーム：ジェリー（Jerry）
ファースト・レディー：Elizabeth (Betty) Bloomer Warren Ford
当時の日本・世界：天皇陛下訪米（1975），ベトナム統一（1975）

> ◆副大統領就任演説のなかで
> 私はフォードであって，リンカーンではない。
> I'm a Ford, not a Lincoln.

ジョーク史に残る？

　もしジョーク史というものがあれば，これは歴史に残るのではあるまいか。短くてわかりやすい。不定冠詞の "a" が，Ford と Lincoln の前についている。

　普通名詞にするために不定冠詞をつけ，「私は高級車のリンカーンではなく，普通車のフォードです」と言い，大衆派の政治家であることを国民にアピールしているのである。単なる駄洒落というなかれ。これは最も普及している車の名と大統領の名を重ねあわせたきわめて高級なジョークである。

　もっとも，たまたま名前が Ford でなければ言えないジョークだが。いずれにしても，会場からの笑い声がそのまま聞こえてきそうなジョークである。

本人は、このジョークをよほど気にいってたらしい。大統領に昇格したときにも、こんなことをいっている。

> 今宵も、私はフォードであって、モデルTではないのです。
> Tonight I say I am still a Ford, but not a Model T.

2歳のとき両親が離婚

フォードは、1913年7月14日、ネブラスカ州オマハに生まれる。フォードは母親の再婚相手の苗字である。

1931年ミシガン大学に入学。その後、イェール大学で法律を学び、1941年には弁護士を開業。第2次世界大戦では海軍少将として入隊。1948年下院議員に当選。13期つとめる。

選挙に無縁な大統領

ニクソン大統領の人生は栄光と挫折の繰り返しであったが、フォード大統領は大幸運の結果、最高権力の座についた政治家である。つまり、苛酷な選挙という洗礼をいっさい受けることなく、副大統領、そして大統領としてホワイトハウス入りを果たしたのだ。もちろん、アメリカの大統領史上、初めてのことであった。

ニクソン政権の副大統領は、第1期目と2期目の途中までスピロ・アグニューがつとめたが、収賄疑惑の追及を受け辞任に追いやられた。ニクソンは後任として共和党の下院院内総務のフォードを任命する。皮肉なことに、翌年にはニクソン自身が辞任に追い込まれる。

憲法の規定により、フォードが大統領に昇格する。なんだか夢のような話である。このことをフォード自身が十分認識していたのであろう。副大統領から大統領に昇格したことについて、こんなユーモラスなコメントをだしている。

(私が大統領になるということで,)アメリカでは誰でも大統領になれるということが証明されたと思う。
I guess it proves that in America anyone can be President.

ゴルフ・ジョーク

　フォードはスポーツの万能選手でもある。こんなゴルフ・ジョークを豪快にとばす。

私のゴルフの腕前はあがってきているよ。観客にボールをぶつける回数が少なくなってきているからね。
I know I'm getting better at golf because I'm hitting fewer spectators.

　まったく選挙を経ないで大統領に就任したことが, マスメディアの格好の話題になる。地味でパフォーマンスの苦手なフォードだったが, 反論を開始する。

私が大統領に選ばれた, その過程について尋ねたものはだれもいない。ジャーナリストだけだ。
Not a single person has asked me about the selection process—only journalists.

　フォードは庶民派の大統領ということで, 自分で朝食を作る風景を公開するなどして国民との一体化をはかった。偉ぶらない誠実なフォードということで, 一時は支持率が72％にまで上昇。
　ところが就任わずか1か月後に, ニクソン元大統領への恩赦を発表する。一挙に支持率が49％にまで下落。国民は強く反発する。議会との関係がぎくしゃくする。ニクソンとの裏取引があったのではという声まであがる。フォードは, こんなジョークをとばす。

ブロンコは蹴ったり，はね上がったり，身をよじったり，方向を変えたりして一定の方向に行くことはほとんどない生き物である。そういう生き物が，ワシントンにもいる。議会という名の生き物が。

A bronco is something that kicks and bucks, twists and turns, and very seldom goes in one direction. We have one of those things here in Washington—it's called the Congress.

　ブロンコとは，アメリカ西部で放牧されている半野性の小馬のこと。なんとうまい比喩であろうか。このジョークを聞いて，共和党の議員であれ，民主党の議員であれ多くの議員が，バカ正直の大統領に１本取られたと思ったにちがいない。

　フォードは1974年11月，現職のアメリカの大統領として初めて日本を公式に訪れた。翌年には，昭和天皇をアメリカに招聘した。

　2006年12月26日，カリフォルニア州南部ランチョミラージュの自宅で死去。

coffee break

口の悪いジョンソン大統領は，フォード大統領について，こんなジョークをとばしている。

ジェリー・フォードはいい奴だが，ヘッドギア（ヘルメット）をつけずにフットボールをやりすぎた。

Gerry Ford is a nice guy, but he played too much football with his helmet off.　　　　　　　　　　　（Lyndon B. Johnson）

James Earl Carter

ジェームズ・E・カーター

◆第39代大統領／民主党

在任期間：1977年1月20日～1981年1月20日
就任時の年令：52歳
生没年：1924年10月1日～
ニックネーム：ジミー（Jimmy）
ファースト・レディー：Rosalynn Smith Carter
当時の日本・世界：日中平和友好条約調印（1978），米中国交樹立（1979）

◆カーターの娘エイミーは，なにかとマスメディアの話題にされた。3人の大きな息子たちと末娘のエイミーとの年の差が，大きく離れている理由を聞かれて

妻と私は，14年のあいだ口論してきた。ついに，私が勝ったのだ。
My wife and I had an argument for fourteen years ... which I finally won.

私の名は，ジミー・カーター

1976年の大統領選挙戦で，カーターが繰り返し使ったことばがある。それは，

私はジミー・カーターです。あなたの国の，次の大統領になる者です。
I'm Jimmy Carter, and I'm going to be your next President.

というもの。アメリカの面白いところは，まったく無名の者がいきなり大統領になれる可能性があるということ。最初に派閥ありきの日本の政界ではとても考えられないことだ。アメリカでは国

政レベルの政治の経験がない政治家でも、ホワイトハウスの主人公になれる。これ以上のアメリカン・ドリームはない。

　そのいい例が、カーター大統領だ。カーターはジョージア州の知事を1期やっただけでまったく無名だった。副大統領はおろか、閣僚、連邦下院議員、上院議員の経験がない。だから、大統領選のさなか「ジミーって誰？」（Jimmy Who?）というのが、流行語になったくらいだ。母親でさえも、息子が大統領に立候補すると決めたとき「社長って、なんの社長？」（President of what?）と聞いたという。たしかに英語では、社長も President と言う。

庶民派カーター

　大統領に選ばれたカーターは庶民派であることを全面的にうちだす。なんと大統領就任式の日に、大統領専用車には乗らず、ロザリン夫人と小さな娘エイミーの手を引いて、熱狂する沿道の市民に手を振りながら議事堂からホワイトハウスまで歩いたのである。このとき末娘のエイミーは、まだ9歳。

　前代未聞のハプニングに数万の群衆のなかから驚きの声がもれる。そして、歓声があがる。なかには涙ぐむ人さえいる。計算された演出とはいえ、これは大統領として初めてのことだ。

ユーモアを楽しむ

　歴代の大統領はみなそうだが、カーターもなかなかのユーモア感覚の持ち主だ。こんなことを自信をもっていう。

私は、ＵＦＯの存在を確信している。なぜなら目撃したからだ。
I am convinced that UFOs exist, because I have seen one.

　たしかに、どこの国でもＵＦＯマニアはいる。宇宙人の存在を信じている人もいる。だがアメリカの大統領で、ＵＦＯを目撃し

たのはカーターだけである！

　記者団から，娘が恋愛沙汰を起こしたらどうするかと聞かれて，こんなジョークでかわす。

> カーター夫人と私は，かなりのショックを受け，とても失望するだろうと思います。娘はまだ9歳ですから。
> Mrs. Carter and I would be shocked, horrified and deeply disappointed—our daughter is only nine years old.

ピーナッツを売り歩く

　カーターは，1924年10月1日，ジョージア州プレーンズの小さな町で生まれる。この町にはまだ電気がなかった。ジミーは4人兄弟の長男。父は最初のころは雑貨店を経営していたが，農地を手に入れてピーナッツの栽培を始める。

　ジミー少年は学校に通いながらも暇をみつけては農場で働いたり，ピーナッツを売り歩いたりして苦しい家計を助けたという。

　地元の高校を卒業してから，ジョージア・サウスウェスタン大学，ジョージア工科大学で学ぶ。このあと，アナポリスの海軍士官学校に入学。理学士号を取得する。

　1947年，卒業してから原子力潜水艦に乗り組む。父親の急死にともない，退役してピーナッツの栽培を引き継ぐ。

ついに大統領になる

　1962年，ジョージア州上院議員に選出される。1966年，ジョージア州知事選に出馬するが失敗。4年後に再び出馬し，知事の座を獲得する。

　1976年，民主党の候補として大統領選に出馬し，小差ではあったが，現職のフォード大統領を破る。ことばは悪いが，田舎政治

家がいきなりホワイトハウスの主人公になったのである。

ワシントンの政治に新風を吹き込んだカーターは人権外交を全面的にうちだす。就任1か月後の支持率は71%にもなった。手始めに、ヴェトナム戦争時の徴兵拒否者や逃亡兵に恩赦を与える。

だが、インフレとデフレの同時進行という経済の悪化がカーターの足を引っ張る。物価は上昇し、失業率も高くなり、ストライキが頻発。これにエネルギー危機が追い打ちをかける。

外交面では、1979年、中華人民共和国と国交を樹立し、エジプトとイスラエルとの和平協定を成立させるなどの実績を残した。

だが最大の失敗は「テヘラン米大使館占拠事件」である。アメリカ大使館員53名が人質にされたのに対し、特殊部隊を投入し救出を試みるが、失敗する。このとき苦しまぎれに、こんなコメントをだす。どんな詭弁を使っても、アメリカの大統領は安易には謝罪しない。

それは失敗ではなかった。未完成の成功であった。
It was not a failure. It was an incomplete success.

カーターはホワイトハウスを去ってからも、人権、平和のために積極的に行動を続けている。その功績が認められて、2002年にノーベル平和賞を受賞した。

coffee break

子どものころ、誰もが大統領になれると教えられてきた。私は、このことを信ずるようになってきている。
When I was a kid I was told anyone could become President. I'm beginning to believe it.

Ronald Wilson Reagan

ロナルド・W・レーガン

◆第40代大統領／共和党

在任期間：1981年1月20日～1989年1月20日
就任時の年齢：69歳
生没年：1911年2月6日～2004年6月5日（93歳）
ニックネーム：ロン（Ron）
ファースト・レディー：Nancy Davis Reagan
当時の日本・世界：国鉄分割・民営化法案可決（1986），ソ連，チェルノブイリ原子力発電所で大事故（1986）

◆ホワイトハウスの会議で，居眠りばかりしていると批判されて

世界の紛争地帯のどこであれ，もし問題が起きたらすぐに起こすよう，側近に指示してある，たとえ閣僚会議の最中であっても。
I've given my aides instructions that if trouble breaks out in any of the world's hot spots, they should wake me up immediately, even if I am in a cabinet meeting.

就任式の朝

これはレーガン大統領だから許されるジョーク。他の国家指導者がこの種のジョークを言ったら，責任問題に発展し不謹慎であると非難され退陣を迫られるであろう。

こともあろうに，大統領の就任演説をするその朝に，側近から演説の時間が迫っていることを告げられ，

それじゃ，私は起きなくてはいけないということかな？
Does that mean I have to get up?

と言ったというから驚きだ。

偉大なる伝道師

レーガン大統領は不思議な人である。たとえどんな状況におかれても心の余裕なのか, それとも, もともと楽天的な思考の持ち主なのか, 笑みだけは絶やさない。演説するときの適当な抑制と, 絶妙な間の取り方は天下一品。

まずは, 経歴が多彩である。政治の世界に入る前には主にB級映画だが, 53本もの映画に出演しているし『お休みボンゾ』(Bedtime for Bonzo)では, チンパンジーとも共演している。チンパンジーに向かって「おまえ, 大きくなったらキングコングになれるぞ」などとジョークをとばす。テレビでは連続放映番組のホスト役を長い間つとめたこともある。

第2次世界大戦では陸軍に志願。その後, 危うく共産党に入りかけたことがあったかと思えば, 映画俳優組合の会長をつとめたこともある。

銃撃をジョークでかわす

1981年3月30日, ワシントンのホテルの前でレーガンは銃撃された。犯人は報道陣に紛れて3メートルの至近距離から発砲。1発が大統領の左胸に命中。弾は心臓からわずか2センチずれただけ。まさに九死に一生だった。

弾丸摘出の手術の時には緊張する医師たちに向かって「**みなさん全員が共和党員でありますように**」(I hope you are all Republicans.)と言い, 妻のナンシーに対しては「**身をかがめるのを忘れたよ**」(Honey, I forgot to duck.)と言ったという。

笑いには自然の治癒力があるとされるが, たしかにレーガンの回復力は高齢にもかかわらず驚異的であった。

カーターなんか相手じゃない

1980年,レーガンが共和党の大統領候補として最初に戦った対立候補は,現職の第39代大統領ジミー・カーターである。カーター政権の時代,インフレが猛威をふるい消費者物価の上昇率は年率20%にまで達した。

深刻な石油不足によるガソリンスタンドでの石油価格の急騰。景気が悪化の一途をたどり,失業者が増え国民の不満は高まるばかりである。百戦錬磨のレーガンが,これを見逃すはずがない。

あなたの隣人が失業するときには,一時的な景気の後退であり,あなたが失業するときには,最悪の不景気である。ジミー・カーターが失業するときに,景気は回復する。
It's a recession when your neighbor loses his job; it's a depression when you lose yours. Recovery is when Jimmy Carter loses his job.

ジョークを言うときにはタイミングが命だが,これ以上の絶妙のタイミングはないであろう。

モンデールも相手じゃない

1984年,第2期目の対立候補は前副大統領のウォルター・モンデール。アメリカの大統領,つまり世界一の権力者になるためには誹謗中傷,あら探し,足の引っ張り合い,ネガティブ・キャンペーン,などは序の口で,使える手はなんでも使う。

レーガンがモンデールから執拗に攻撃されたのは「高齢」ということである。これは無理もない話だ。このときレーガンは73歳。しかし,不利な状況を有利な状況に変えてしまうのが,ジョークの不思議さである。

テレビ討論会で司会者からも年齢を問題にされたが,レーガン

はなんら慌てることなく間髪を入れず,こんなジョークをとばす。

> 私はこの選挙戦で,年齢のことを問題にするつもりはない。政治的な目的のために,相手の若さと経験のなさを利用するつもりはないのである。
> I will not make age an issue of this campaign. I am not going to exploit, for political purposes, my opponent's youth and inexperience.

なんという巧みな論点のすりかえであろう。会場はどよめき爆笑の渦に包まれる。モンデールは苦笑する。これで勝負ありだ。

抜群のユーモア・センス

それにしても,彼のユーモア・センスは天性のものといっていい。ユーモアのセンスでは,レーガンとケネディが双璧をなすというのが,アメリカの識者のあいだでの一般的な見方である。自分が老齢であることについては,こんなジョークを言っている。

> 76歳は大統領をやめるほどの老齢とはいえない。アンドリュー・ジャクソンは75歳でホワイト・ハウスを去ったが,まだ元気はつらつとしていた。彼が私に話してくれたから知っているんだよ。
> Seventy-six would not be an old age to leave office. Andrew Jackson left the White House at the age of seventy-five and he was still quite vigorous. I know because he told me.

このジョークは,ジャクソン大統領の年代を知っていないとおかしさが伝わらない。ジャクソンは1767年生まれ,1845年に死亡している。レーガンが生まれたのは1911年。ちなみに,ジャクソンがホワイトハウスを去ったのは1837年,69歳のときだ。やはり,

この種のとぼけたジョークはレーガンにしか言えないのである。

財政赤字なんのその

政府の歳出についても、こんなジョークをとばしている。

> 政府というのは赤ん坊のようなものだ。一方に貪欲な食欲があり、他方には無責任がある。
> Government is like a baby; a huge appetite at one end and no sense of responsibility at the other.

> 私が若いころは、みんな貧しかった。今と違うのは、当時は、あなたは貧しいですと政府の役人が言いにきたりはしなかったことだ。
> We were poor when I was young, but the difference was the government didn't come around telling you you were poor.

国民の政府への安易な依存を減らそうとしたレーガンだったが、現実には財政赤字と政府債務は大幅に増加した。政府債務は、7000億ドルから3兆ドルにまで増えつづけたのである。まさに天文学的な数字だ。

1985年には、アメリカはついに世界最大の債務国に転落することになる。それでもひるまないのがレーガン。国家の最高責任者であるにもかかわらず、どこ吹く風といわんばかりに、こんなジョークをとばしている。

> 財政赤字については心配していない。ずいぶんと大きくなって、自分の面倒をみられるようになった。
> I'm not worried about the deficit. It is big enough to take care of itself.

この種のジョークも，レーガン以外の国家元首だったら，ふざけた無責任な発言として責任問題へと発展していったであろう。

大統領のハンディ
　さて，アメリカと日本の違うところは，アメリカでは一流のコメディアンは特別ゲストとしてホワイトハウスに招待される。コメディアンの社会的地位は，日本よりもはるかに高い。大統領とゴルフをやるのも慣例になっている。
　晩餐会でレーガンはコメディ界の大御所，ボブ・ホープを紹介しながら，こんなやりとりを披露した。

ボブ・ホープ：「大統領のハンディは？」
レーガン：「議会さ」
Bob Hope: What's your handicap?
Reagan: Congress.

coffee break

次の世代が政府の債務を払わなければならないことを考えると，赤ん坊が生まれたときに泣き叫ぶのは，当然だ。
When you think of the government debt the next generation must pay off, it's no wonder a baby yells when it's born.

George Herbert Walker Bush

ジョージ・H・W・ブッシュ

◆第41代大統領／共和党

在任期間：1989年1月20日～1993年1月20日
就任時の年齢：64歳
生没年：1924年6月12日～
ニックネーム：ポピー（Poppy）
ファースト・レディー：Barbara Pierce Bush
当時の日本・世界：消費税の導入（1989），ソ連消滅（1991）

◆大統領になったので

私はブロッコリーが嫌いだ。小さいときからずっと嫌いだった。私はアメリカの大統領なんだ。もうブロッコリーを食べないぞ。

I do not like broccoli and I haven't liked it since I was a little kid. I am President of the United States and I am not going to eat it any more.

ジョークの世界では，ホウレンソウ（spinach）が嫌いな子どもが多く登場するが，ブッシュはホウレンソウをブロッコリーになぞらえたようである。

名門ブッシュ家

ブッシュは，1924年6月12日，マサチューセッツ州のミルトンで生まれる。名門ブッシュ家の次男。東部上流社会出身の典型的なエリートである。

父親のプレスコットは裕福な実業家であり，コネティカット州

から選出された上院議員でもあった。ブッシュは子どものころ，お抱え運転手の車で学校に通ったという。プレップ・スクール，フィリップス・アカデミーに進学する。

軍歴もなかなかなもの。1944年，爆撃機のパイロットであったブッシュは太平洋の島で日本軍の対空高射砲で撃墜されるが，パラシュートで脱出に成功。間一髪で一命をとりとめる。まさに戦争英雄。このとき，弱冠20歳。

戦争が終わると，除隊してイェール大学に進学。1948年卒業。テキサスに移住し，石油事業で成功する。

大統領の座をいとめる

紆余曲折があったものの，1966年には連邦下院議員に当選。ニクソン政権下では国連大使，共和党全国委員長をつとめる。フォード政権下では，北京の連絡事務所長，CIA長官をつとめる。レーガン政権下では副大統領を2期つとめる。

1988年，ついに大統領に出馬。対抗馬は民主党のマイケル・デュカキスだったが，ブッシュが圧勝する。一貫性がなく対案をださないデュカキスに対して，ブッシュは，軍歴にものをいわせてこんなジョークで攻撃をしかける。

彼（デュカキス）はステルス候補者だ。彼のキャンペーンはあちらこちらとジェット機のように飛びまわるが，論点はちっともレーダー・スクリーンに現れない。
He's the stealth candidate. His campaign jets from place to place, but no issues show up on the radar screen.

stealth とは「内密の，ひそかな，人目をしのんで」などの意。ステルス機は特殊な材料で作られた軍用機で，レーダーでは探知が困難だという。なかなかうまい比喩を使ったものである。

陽気な性格

華々しい家系のブッシュだが，気取らない陽気な性格，おおらかなユーモア精神を国民は好意をもって受け入れた。冒頭のジョークもさることながら，大統領になっても，こんな軽口をたたく。

> 私はカウボーイなんかではない。生活のためにてい鉄を売り込むことはするが，ブロンコ（野性馬）には乗らない。
> Now I'm no cowboy. I pitch horseshoes for a living, but I don't ride these broncos.

大統領選のとき，ブッシュが遊説先でよく使ったフレーズに「よく聞いてくれ。新税の導入はないよ」（Read my lips, no new taxes.）というのがある。だが当選すると，この公約は守られなかった。政府の財政赤字が増えつづけ，背に腹は変えられず，結局，増税に踏み切ったのである。

イヌはいらない，バーバラがいる

ブッシュの妻，バーバラ夫人の性格は天衣無縫で，彼女がいるだけでまわりの雰囲気が和み，明るくなる。彼女の行くところ，またたくまに人だかりができる。人気者なのだ。

そしてバーバラは，夫をしのぐすぐれたユーモア感覚の持ち主である。だからであろうか，ブッシュは本音で（？）言う。

> 人は，ワシントンで友人が欲しかったらイヌを飼えというが，私には必要がない。バーバラがいるからだ。
> They say, "If you want a friend in Washington, get a dog," but I didn't need one because I have Barbara.

ブッシュは湾岸戦争で鮮やかに勝利した。ありとあらゆる近代兵器を駆使し，完璧に勝利した。いっとき支持率が91パーセント

にまで上昇したのである。しかし，現職であるにもかかわらず，再選には失敗した。

民主党の大統領候補クリントンと副大統領候補のゴアに大差で破れたのである。選挙中に相手をばかにして，こんなジョークをとばしたが，その効き目はなかった。

> うちのイヌ，ミリーのほうが，あんな２人の奴らよりは外交政策をよく知っている。
> My dog Millie knows more about foreign policy than those two bozos.

ホワイトハウスを去ってからも，ブッシュ大統領のユーモア感覚は衰えない。

> 私はもう大統領ではない。だからゴルフの試合でも，全部勝てるわけではないことがわかった。
> Now that I am no longer President, I find that I do not win every game of golf I play.

coffee break

私は最近，ラテン・アメリカ訪問の旅にでかけました。ただひとつ悔やまれることは，学校でラテン語を一生懸命に勉強しなかったことでした。勉強すれば，現地の人たちと会話ができたのに。
I was recently on a tour of Latin America, and the only regret I have was that I didn't study Latin harder in school so I could converse with those people.

（Dan Quayle：ブッシュ政権時の副大統領）

William (Bill) Jefferson Clinton

ウィリアム・J・クリントン

◆第42代大統領／民主党

在任期間：1993年1月20日〜2001年1月20日
就任時の年齢：46歳
生没年：1946年8月19日〜
ニックネーム：ビル（Bill）
　　　　　　　カムバック・キッド（Comeback Kid）
ファースト・レディー：Hillary Diane Rodham Clinton
当時の日本・世界：自民党分裂，非自民連立内閣成立（1993），南アフリカ，大統領にマンデラ就任（1993）

◆大統領職について

大統領になるということは，墓地を経営するようなものだ。下にはたくさんの人たちがいるが，だれも耳を傾けてはくれない。

Being President is like running a cemetery. You've got a lot of people under you, but none of them are listening.

持ち続けた夢

　成功物語を読むと，決まって書かれていることがある。それは，人は何かの夢をいつまでも持ち続けていれば，その夢はやがて実現するということ。大事なことは，どんなことがあっても途中であきらめないということ。

　こういった成功物語の見本を示したのが，クリントン大統領だ。クリントンは，高校生（17歳）のときに「模擬政府」の一員としてワシントンに行き，ホワイトハウスでケネディ大統領に会って

握手をしている。このときの映像をテレビで見たが、クリントンは純真そのもので、高揚している表情が印象的であった。このとき以来、クリントンは将来、政治家になることを決め、大統領になる夢を持ち続けてきたという。

複雑な生い立ち

クリントンは、1946年8月19日、アーカンソー州ホープで生まれる。彼の人生航路は決して平坦なものではない。生まれる3か月前に実父を自動車事故で失う。4歳のときに母親が再婚。

アルコール中毒の継父よりたびたび暴力をふるわれる。酔っ払った継父が銃を発砲して弾が小学生のクリントンの耳元をかすめるという事件があった。当然、警察沙汰になる。こんなことではくじけないのがクリントン少年。中・高では優秀な成績を収める。1964年、ジョージタウン大学に入学する。在学中にはやくもフルブライト上院議員の事務所で働く。1968年にはローズ奨学生としてオックスフォード大学へ2年間留学。帰国後はイェール大学で法律を学び、弁護士になる。

夢を実現する

1972年の大統領選では、ジョージ・マクガヴァン民主党候補の選挙運動に参加。1974年に連邦下院議員選に出るが落選。それでも政治の世界に入ることをあきらめない。

1978年、アーカンソー州知事に当選。弱冠32歳。アメリカ最年少の知事となる。

1992年、民主党全国大会で大統領候補の指名を獲得。現職のブッシュ大統領（第41代）を破り、ついに大統領の座を手にする。一見してトントン拍子だが、ケネディと握手してから30年の歳月が流れていた。

クリントンは新聞記者への対処の仕方がうまい。さらりとかわすその話術は天下一品。

インクを樽で買う人とはケンカをしてはいけない。
Never pick a fight with people who buy ink by the barrel.

「インクを樽で買う人」とはだれか。新聞社の経営者，記者たちである。大統領ともなると，一挙一動がマスメディアの格好の対象になる。少なくとも敵対関係だけは避けなければならない。それにしても新聞人のことを「インクを樽で買う人」とは座布団を２枚あげたい表現だ。

マリワナを煙にまく

アーカンソー州の知事の時代に「マリワナを吸ったことがあるか」と聞かれ，こんな受け答えで記者たちを煙にまいている。

イギリスにいたときに，１，２度マリワナをためしてみたよ。好きじゃなかったな。だから吸い込まなかったのさ。その後は１度もやっていないよ。
When I was in England, I experimented with marijuana a time or two, and I didn't like it. I didn't inhale and never tried it again.

不適切な関係

クリントン政権の最大の功績は，２期８年間に一貫して経済を成長させ，慢性的な政府の財政赤字を黒字に転換させたこと。これは金字塔とも言える。

しかし，である。クリントンといえば，実習生，モニカ・ルインスキーとの不倫スキャンダルを忘れるわけにはいかない。

クリントンは不倫疑惑を一貫して否定し続けたが，次々に事実関係が暴露され，ついに白状する。「不適切な関係」という表現は，1998年のいちばんの流行語になったほどだ。

たしかに，私はモニカ・ルインスキーさんと関係を持ちましたが，あの関係は不適切なものでした。
Indeed, I did have a relationship with Miss Monica Lewinsky that was not appropriate.

　クリントンは打たれ強い。弾劾裁判にかけられたが，結果は無罪になった。これは，第17代大統領アンドリュー・ジョンソン以来の，なんと，130年ぶりの弾劾裁判だったのである。スキャンダルのさなか，こんなジョークを吹く！

いまだにサックスを吹いているよ。いまの仕事がそれほど安定してはいないからな。
I still play the saxophone because I don't have much job security.

　クリントンのサキソフォンの腕前はプロ顔負け。故郷アーカンソー州で行われたコンテストで優勝したこともある。

coffee break

「ビル・クリントンとサンタ・クロースの違いは何か？」
「まだサンタ・クロースを信じている人はいる」
What's the difference between Bill Clinton and Santa Claus?
Some people still believe in Santa Claus.

George Walker Bush

ジョージ・W・ブッシュ

◆第43代大統領／共和党

在任期間：2001年1月20日～2009年1月20日
就任時の年齢：54歳
生没年：1946年7月6日～
ニックネーム：ダブヤ（Dubya）
＊ミドルネームのイニシャル（W）のテキサス訛りの発音。
ファースト・レディー：Laura Welch Bush
当時の日本・世界：北海道洞爺湖サミット（2008），アメリカで同時多発テロ（2001）

◆母校のイェール大学から名誉博士号を授与されて

私は，優等生，優秀な成績で卒業した諸君には"本当によくやりました"と言ってやりたい。そして，成績が"C"しか取れなかった学生には"君たちも大統領になれる"と言ってやりたい。

To those of you who received honors, awards and distinctions, I say, "Well done." And to the "C" student, I say, "You too can be President!"

ジョークでかわす

　このジョークを聞いて，学生，教授陣，列席者全員が大いに笑ったことであろう。シークレット・サービスの人たちまで笑ったであろう。その声が聞こえてきそうなジョークである。

　危機的な状況における卓越した決断力は，すぐれたユーモア感覚にもあらわれる。イギリスのブレア首相は，アメリカのイラク戦争を全面的に支持した。

ブレアがホワイトハウスを訪ねたとき，記者団はブッシュ大統領に「ブレア首相との共通点は何か」と聞いた。それに対して，ブッシュは，

> 私たちは，2人ともコルゲートの練り歯磨きを使っているよ。
> We both use Colgate toothpaste.

と答えたのである。質問のかわし方がうまい。記者団は腰くだけになったが，笑いの恵みは受けたであろう。このとき記者団は，2人の共通点としてスポーツ，音楽などを話題とした返答を期待していたという。
　就任してから100日目に，記者団から「いちばん大きな失敗はなにか」と意地悪な質問をされたときは，こんな答えで記者団をかわしている。ムキにならないかわし方がじつにうまい。

> いつも赤いネクタイばかりしたことかな。
> Probably wearing a red tie too many times.

　2000年に大統領に選出されたときも，こんなジョークで会場に詰めかけた大観衆を笑いの渦で包み込む。

> そして，お母さん，みんなお母さんを愛しているよ。ぼくも愛している。大きくなってからも，彼女はぼくに，愛とたくさんの助言をくれた。ぼくが与えてしまったのは白髪だったけど。
> And mother, everyone loves you and so do I. Growing up she gave me love and lots of advice. I gave her white hair.

親子で大統領になる
　ブッシュは，親子で最高の地位にまで登りつめた史上2人目の大統領である。1人目は第2代大統領ジョン・アダムズの息子，

ジョン・クインシー・アダムズであり，第6代大統領になっている。

ブッシュ用語

ブッシュの発言は，Bushisms（ブッシュ用語）と呼ばれ，マスメディアでは格好のからかいの対象になった。独自に単語を造ること，文法の初歩的な間違い，用語の誤用，失言などなど，あげていけばきりがない。

> こういう人々は戦車を持っていない。船も持っていない。彼らは洞窟に隠れている。彼らは自殺者を送り出す。
> These people don't have tanks. They don't have ships. They hide in caves. They send suiciders out.

「こういう人々」とは、タリバンのことである。英語には suicider という単語はない。「自殺者」は suicide という。「自爆者」は suicide bomber という。

不適切な発言といえば，ブラジルの大統領，フェルナンド・カルドソンと会談したときのことである。こともあろうに，ブッシュはこんな質問をしてしまう。

> あなたの国にも，黒人はいますか？
> Do you have blacks, too?

このとき，国家安全保障問題担当補佐官のコンドリーザ・ライスは大いにあわてた。普通は black people と言い，blacks だけでは軽蔑した感じになる。

ライスは「大統領，ブラジルには，アメリカよりも多くの黒人がいると思います」とやんわりと助言したという。

ちなみに，ブラジルの人種構成は黒人系10%，混血34%，あと

は白人系である。

　独自の用語を造り，マスメディアからどんなに揶揄され，バカにされ，からかわれてもブッシュは負けてはいない。ムキになって腹を立てることもない。逆に，そのことをネタにしてジョークをとばす。

ほとんどの方はご存じないと思いますが，私は新刊を出しました。ある人が私のウィットと名言，彼によれば私の言い間違いによるウイットと名言，を集めたものらしいです(笑)。しかし，私としては，自分の言ったことばが，こうして本の形になっていることをなかなか誇らしく思っています。

Most of you probably didn't know that I have a new book out. Some guy put together a collection of my wit and wisdom—or, as he calls it, my accidental wit and wisdom.（Laughter） But I'm kind of proud that my words are already in book form.

これぞ名演説

　2001年9月11日には，ニューヨークの世界貿易センタービルに2機の飛行機が突っ込み，3,000人以上もの犠牲者がでた。全世界を震撼させた同時多発テロ。

　この日，ブッシュ大統領は全米に向けて国民を鼓舞するこんな名演説をしている。この演説のあと，ブッシュ大統領の支持率は90％以上になり，歴代最高を記録した。

偉大な国民は，偉大な国家を守るために行動を開始した。テロリストによる攻撃は，わが国で最も大きなビルの土台を揺るがすことはできても，アメリカの土台に触れることすらできない。彼らは鉄骨を砕くことはできても，アメリカの決意の鉄骨

をへこませることはできないのだ。

A great people has been moved to defend a great nation. Terrorist attacks can shake the foundations of our biggest buildings, but they cannot touch the foundation of America. These acts shattered steel, but they cannot dent the steel of American resolve.

実業家としての才能

　ブッシュは，1946年7月6日，コネティカット州のニューヘヴンで生まれる。プレップ・スクールの後，大学はイェールに進学。卒業直前にテキサス空軍州兵に入隊し，ヴェトナムでの兵役を免れる。

　大学時代の成績は平均以下であった。だから冒頭のジョークがいきる。ハーヴァード大学院に進学し，MBA（経営学修士号）を取得。テキサスの石油業界で活躍する。新しい事業にも手をだし，メジャー・リーグの球団「テキサス・レンジャー」を買収する。

　この球団を売り払ったときには，1500万ドル（15億円）もの売却益があったといわれている。先見の目のある，なかなかの企業家である。

政治家への転身

　1994年にはテキサス州知事に当選。98年に再選され2期つとめる。2000年の大統領選挙では，民主党のゴア副大統領を相手に接戦の末，勝利を手にするが，極めて疑わしい選挙であった。一般投票ではゴア候補のほうが多数を占めていたからだ。

　2期目の選挙では，民主党の上院議員ジョン・ケリーと争い，やはり接戦だったが，幸運の女神はブッシュに味方した。やはり

強運の男と言わざるをえない。

　2002年1月13日,ブッシュはテレビでフットボールを観戦していたときに,プレッツェルを喉につまらせ窒息状態になった。そのときにも,こんなジョークをとばしている。

お母さん,言いつけを守っていればよかったよ。プレッツェルを飲み込む前にはよく噛みなさいってね。
Mother, I should have listened to you: Always chew your pretzels before you swallow.

coffee break

ブッシュ大統領は,エア・フォース・ワン(大統領専用機)で旅行をする予定であった。だが,彼はフライト・ナンバーを思い出せなかった。
President Bush was supposed to take a trip on Air Force One, but he couldn't remember the number of the flight.

Barack Hussein Obama
バラク・H・オバマ

◆第44代大統領／民主党

在任期間：2009年1月20日〜
就任時の年齢：47歳
生没年：1961年8月4日〜
ニックネーム：バリー（Barry）
　　　　　＊子ども時代の呼び名から。
ファースト・レディ：Michelle Robinson Obama

◆自分の名前について

人は君の名前を覚えるだろうが，好かれないだろうと言われました。アフリカの名前を一つ持つのはいいが，二つはダメだと。バラク・スミスか，ジョー・オバマはいいが，バラク・オバマはダメだと言われたのです。

I was told, people will remember your name and won't like it. You can have one African name, but not two. You can be Barack Smith or Joe Obama—but not Barack Obama.

オバマ大統領のフルネームは，Barack Hussein Obama である。選挙中に，オバマの名前がなにかと話題になった。オバマはイスラム教徒ではないかという人たちまで現れる始末。こんなときにも，オバマはユーモアで切り返したのである。

私のことをアラバマと呼ぶ人もいます。
Some people call me Alabama.

アラバマは州の名前である。しかも人種差別が激しかったところ。これは確実に笑いを誘うジョークだ。バラクとは，スワヒリ語で「神に祝福されし者」を意味する。

変われる国

アメリカは変わることのできる国である。アメリカは時代の流れの変化に対応できる国である。バラク・オバマが，第44代の大統領として選出されたとき，ぼくは率直にそう思った。

アメリカは羨ましい国である。それは，社会のなかで，政治家の演説が生きているからだ。政治家による演説が，多くの国民を鼓舞し，感動させることができるのである。

日本の社会では，私たち国民が政治家，とりわけ総理大臣の演説に胸をうたれ，心を揺さぶられるということがまったくなくなってしまった。総理大臣がこうコロコロ変わる国では無理もない話だとも思うが，なぜ政治家と国民とのあいだに，これほどの距離ができてしまったのか。

黒人大統領の誕生

2009年1月20日，大統領就任宣誓式が行われた。リンカーン大統領が用いた聖書をミシェル夫人が持ち，そこにオバマが手をおいて宣誓した。

歓喜する群衆の波。ワシントンの空高く歓声が響きわたる。まさしく，アメリカ史上初の，黒人大統領が正式に誕生した瞬間である。大統領は国民に問いかける。

今日，問われているのは，政府が大きすぎるか小さすぎるかではなく，機能しているかどうかである。
The question we ask today is not whether our government

is too big or too small, but whether it works.

大いなる野望

オバマの名前が全国的に知られるようになったのは,2004年7月27日,ボストンで行われた民主党党大会での基調演説「大いなる希望」(The Audacity of Hope)が契機になっている。

あまりにも評判がよかったのである。なにかと辛口の『タイム』誌ですら「党大会史上最高の演説」と絶賛したのだ。

オバマは高らかに宣言する。

> 黒人のアメリカも,白人のアメリカも,ラテン系のアメリカも,アジア系のアメリカもありはしない。あるのはアメリカ合衆国,ただひとつである。
> There's not a black America and white America and Latino America and Asian America; there's the United States of America

ゴミ出しをするオバマ

オバマは機会あるごとに,妻について語ってきた。語るたびに,彼のユーモア感覚の豊かさがいかんなく発揮される。ユーモアをとおして人柄がわかり,ますます国民の信頼を得ていく。

> 妻は,私が報道で取り上げられることは喜んでいません。私がゴミを出したり,子どもたちを公園につれていったりすると,喜んでくれるのです。
> My wife is not impressed by what's said about me in the press. She's impressed by whether I take out the garbage, take the kids to the park.

特異な生い立ち

　1961年8月4日，オバマはハワイ州ホノルルで，ケニア人の父と白人の母との間に生まれる。母親が再婚してからインドネシアに移住。子ども時代の4年間をインドネシアで過ごす。

　1979年，ロサンゼルスのオクシデンタル大学に入学するが，2年後にニューヨークのコロンビア大学に編入。1984年，シカゴに移住し地域社会の再生活動に加わる。1988年，ハーヴァード大学法学部に入学。黒人として初めて『ハーヴァード・ロー・レビュー』の編集長になる。

　1997年，イリノイ州議会上院議員に当選する。2004年には連邦上院議員に当選。2008年の大統領選で，共和党のマケイン候補を破る。ついに，歴史が動いたのである。アフリカ系アメリカ人初の大統領となる。2009年，ノーベル平和賞を受賞する。

2人のなりそめ

　バラクがミシェル・ロビンソンと結婚したのは，31歳のとき。彼はシカゴ大学で合衆国憲法を教えていた。ミシェルは28歳。日本ふうに言えば，お似合いの「おしどり夫婦」である。

　アメリカでは，大統領夫婦は家庭のモデルとされる。ケネディのときが，とくにそうであった。小さな子どもがいればなおさらである。オバマの場合は，気取らない家庭環境を反映して，子どもたちもずいぶんと陽気なようだ。

　それにしても，バラクとミシェルの呼吸はぴたりと合っている。いや，合いすぎるくらいである。

　彼女（ミシェル）は，私が望むことのできる最も聡明で，最もタフで，最も笑わせてくれる最高の友です。彼女はいつも私を支えてくれています。どんな決断をするときでも，私たちは一

緒に決めます。
She [Michelle] is the smartest, toughest, funniest best friend that I could ever hope for, and she's always had my back. Whatever decision we make, we'll make together.

当選後の記者会見で

　アメリカの大統領はたいていイヌを飼っている。初代のジョージ・ワシントン，クリントン，ブッシュ親子ともイヌを飼っていた。こともあろうに，オバマ大統領は当選後の記者会見で自分たちが飼っているイヌから話を切り出した。

イヌの件でありますが，これは大変な問題です。我々のウェブサイトでは，他のどの問題よりもこの件が関心を呼んでいるように思われます。
With respect to the dog, this is a major issue. I think it's generated more interest on our website than just about anything.

　イヌの件を，わざわざmajor issue と言っているところが笑いを誘う。

辛口のジョーク

　ホワイトハウス詰め記者会主催の夕食会で放たれた次のジョークには，多少解説が必要である。それはフォックス・ニュースが共和党を支持するメディアであるということ（オバマは民主党）。
　とくに政治がからむと，ジョークには皮肉がつきものになる。

バラク・オバマです。記者の皆さんは，私について記事を書いたことがあろうかと思います。そして皆さん全員が，選挙で私

に投票してくれことと思います。フォックス・ニュースの皆さんもいましたね。これは失礼しました。
I am Barack Obama. Most of you covered me. All of you voted for me. Apologies to the Fox table.

2009年5月,ホワイトハウス記者恒例の夕食会の席で国務長官ヒラリーについて,こんなジョークをとばした。この当時,メキシコでは新型インフルエンザが流行っていた。

彼女はメキシコから戻ったとたん,私を抱きしめて,「あなた自分でも行くべきよ」と言うんだ。
In fact, the minute she got back from Mexico, she pulled me into a hug and said I should go down there myself.

coffee break

私がイエスマンに囲まれているというのは本当ではない。私がノーと言えば,みんながノーと言うということだ。
It is not true that I am surrounded by yes-men. When I say no everybody says no. (Joseph Stalin)

あとがき

　本書を書き終えての率直な感想を言えば、ホワイトハウスの主人公、つまり大統領の職務は最高のドラマであるということである。このドラマの筋書きは時に、いかなる小説家の想像力をも超えている。

　ケネディ政権のときの、あのキューバ危機を思い起こしてもらいたい。世界が核戦争の危機に追いやられたといっても過言ではない。あのときケネディは「検疫封鎖」（quarantine）という手段を選択したが、事前に議会に相談することはなかった。決定したあとで、議会に通告したのである。軍に対しては「いつ核攻撃を受けても、直ちに報復準備ができるように」と命じている。

　ちなみに、アメリカの大統領は外出する際には、いつどこでも「フットボール」と呼ばれる核の発射ボタン装置を、とある人物に持たせている。つまり、たったひとりの人間が地球の将来を左右する権限をもっているのである。

　大統領自身の身の安全はどうか。アメリカの大統領はみな就任するやいなや、つねに暗殺の危機にさらされているといっても言い過ぎではない。

　これまで4人の大統領（リンカーン、ガーフィールド、マッキンレー、ケネディ）が暗殺されている。これに暗殺未遂事件を加えれば、アメリカの大統領の命がいかに危険にさらされているかがよくわかる。本文でも触れたが、実際に銃弾を受けて助かったのはレーガン大統領だけである。

さて，ジョークを言わないアメリカの大統領はいない。程度の差こそあれ，大統領はみなジョークをいう。大統領としての苛酷な責務，そして暗殺されるかもしれないという恐怖感。これら二つの要因が，ジョークを言わずにはいられない環境を作っているのではないだろうか。政治家にジョークを期待する根強い国民的な風土もあるが…。

　本文でも紹介したが，「ちょっとしたジョークを言わなかったら、私は国を背負うという重荷に耐えることができなかったであろう」と言ったのは，リンカーン大統領であった。

　リンカーンは組閣のときに，政府の役職につきたがる者が多すぎることにうんざりして，「**オッパイの数に対して、子ブタの数が多すぎる！**」（There are too many pigs for the teats!）というジョークをとばした。政府の役職の数をオッパイに，そして名誉欲にかられ，役職を求める者たちを子ブタになぞらえたところが，いかにもリンカーンらしい。

　キューバ危機のさなか，最も緊張が高まっている会議の場で，ケネディ大統領は，「今週は，給料分の仕事をしていると思う」（I guess this is the week I earn my salary.）と言った。このひと言で，張り詰めていた雰囲気がいっきょに緩和されたにちがいない。笑い声すら起こったであろう。

　大統領はスピーチを作成するゴーストライターだけでなく，ジョークをつくる専門家も雇っている。ジョークの専門家をグループとして雇っている大統領もいる。第36代のジョンソン大統領がそうであった。

　私ごとで恐縮だが，ぼくは実際にケネディ大統領のかの名演説の草稿執筆者，セオドア・ソレンセンに会っている。まったくの偶然だが，ニューヨークの街を散歩していたときに，ひとりの男

に出会った。それがソレンセンにそっくりなのである。
　「あなたはケネディ大統領の特別顧問であったソレンセン氏にそっくりですね」と，ぼくは思わず声をかけた。すると，「私はソレンセンです」という返事が返ってきたのである。これはウソのような本当の話である。

　本書では，大統領の発言はすべて元の英語も付けて紹介してある。読む本であると同時に，使う本であってほしいと願うからである。海外へ出張したとき，あるいは国内でもパーティーの席，商談，居酒屋といろんな場面で大統領のことが話題になったときに，ひとくちジョークふうに引用してほしいのである。
　それぞれの大統領の冒頭のジョークはなるべくユーモラスなものを選んだ。チャンスがあれば，どこかで使うことを前提に大いに楽しんでもらいたい。

　ここで笑いの効用についても触れておきたい。近年、医学的見地からの笑いの研究が盛んである。それによれば，笑うことでガン細胞を食い殺すＮＫ（ナチュラルキラー）細胞が増加するというのである。また，糖尿病の患者に落語を聞かせて笑わせたところ，そのあと血糖値が減少したという報告もある。
　コミュニケーションの面でも笑いは有効である。なによりも，笑いによって緊張感がなくなり，相手との距離が急速に縮まる。
　アメリカの大統領がジョークを多用するのも，このことをよく認識しているからであろう。

　本書ができあがるまでには，いろいろな方々にお世話になった。まずは，日本英語検定協会・教材制作課の黒岩慶太氏である。
　黒岩氏のおかげで，私は同協会から発行されている雑誌に２年

間にわたり，アメリカ大統領のユーモアを紹介する機会を得たのである。枚数に制限があり，歴代の大統領の半分も紹介できなかったが，ユーモアを中心とした大統領の本を書き上げるという大いなる動機になったのである。感謝の気持ちでいっぱいである。

雑誌の連載が終わった後も原稿だけは書き続け，一定の量になった段階で，大修館書店編集第二部の板谷英昭氏に相談をした。このあとに，部長（取締役）の飯塚利昭氏が出版を即座に快諾してくれたのである。

ぼくは天にも昇る気持ちであった。なにがなんでも，アメリカ大統領のユーモアの本を書いてみたいという長年の夢がかなったのである。両氏に心より感謝申し上げる次第である。

原稿を完成したときに，同僚のジェームズ・パワーズ教授に精読してもらい，貴重な助言を受けた。泉順子准教授は資料を迅速に取り寄せてくれた。両氏に心から「ありがとう」と言いたい。

実際の作業の段階になって，編集を担当していただいたのは大ヴェテランの編集者，日高美南子氏である。『英語教育』編集の担当の時代から，日高氏にはずいぶんとお世話になった。そして，しごかれた。

競馬にたとえるなら，日高氏は百戦錬磨のジョッキーであり，ぼくは，引退寸前の老馬（老婆ではない！）である。なんとかゴールにだけはたどりつくことができた。ジョッキーに感謝！！

ぼくは，本というものはひとりの力ではできないものだと思ってきた。今回も，そのことを痛切に感じている。

　　2011年8月　猛暑日に節電を気にしつつ

　　　　　　　　　　　　　　　　　　　　　丸山孝男

参考文献

Bausum, Ann. *Our Country's President,* National Geographic, New York, 2010.

Berger, Melvin. *101 President Jokes,* Scholastic Inc., New York, 1990.

Beschloss, Michael. *The Presidents,* Crown Publishers, New York, 2000.

Boller, Paul F. Jr., *Presidential Anecdotes,* Oxford University Press, New York, 1981.

———. *Presidential Campaigns,* Oxford University Press, New York, 1984.

———. *Presidential Wives,* Oxford University Press, New York, 1988.

———. *Presidential Inaugurations,* Harcourt,Inc., New York, 2001.

———. *Presidential Diversions,* Harcourt Inc., New York, 2007.

Bowman, John. *The History of the American Presidency,* World Publications Group, Massachusetts, 2002.

Carpenter, Liz. *Presidential Humor,* Bright Sky Press, Texas, 2006.

DeGregolio, William A. *The Complete U.S. Presidents,* Barricade Books Inc., New Jersey, 2009.

Dole, Bob. *Great Political Wit,* Doubleday, New York, 1998.

———. *Great Presidential Wit,* Touchstone, New York, 2001.

Hamilton, Neil A. *Presidents, A Biographical Dictionary,* Checkmark Books, New York, 2010.

Hunter, Jenny. *The Book of Political & Business One-liners,* New Holland Publishers, Sydney, 2008.

Hyman, Dick. *Potomac Wind & Wisdom,* The Stephen Green Press, Vermont, 1980.

Kane, Joseph N. *Facts About the Presidents,* The H. W. Wilson Company, New York, 1993.

Obama, Barack. *The Audacity of Hope,* Vintage Books, New York, 2006.

O'Brien, Cormac. *Secret Lives of the U.S. Presidents,* Quirk Books, Philadelphia, 2009.

Olive, David. *Political Babble,* John Wiley & Sons, Inc., New York, 1992.

Otey, George N. *First Presidential Messages,* Unfettered Publishing Co., Oklahoma, 2009.

Petras, Ross & Kathryn Petras. *The 776 Stupidest Things Ever Said,* Broadway Books, New York, 1993.

_____. *The Stupidest Things Ever Said by Politicians,* Pocket Books, New York, 1999.

Rogak, Lisa. *Barack Obama in His Own Words,* JR Books, London, 2009.

Rogers, Michael. *Political Quotes—A Collection of the Wit, Wisdom & Folly of Politics,* Sphere Books Limited, London, 1984.

Rueter, Ted. *449 Stupid Things Republicans Have Said,* Andews McMeel Publishing, Kansas, 2004.

_____. *The 267 Stupidest Things Democrats Ever Said,* Three Rivers Press, New York, 2000.

Sherrin, Ned. *The Oxford Dictionary of Humorous Quotations,* Oxford University Press, New York, 2001.

Tibbals, Geoff. *The Mammoth Comic Quotes,* Robinson, London, 2004.

_____. *The Mammoth Book Jokes,* Robinson, London, 2006.

Weisberg, Jacob. *George W. Bushisms,* Fireside, New York, 2001.

有馬哲夫『中傷と陰謀 アメリカ大統領選狂騒史』新潮社，2004.
飯沼健真『アメリカ合衆国大統領』講談社，1988.
石澤靖治『アメリカ大統領の嘘』講談社，2004.
井上篤夫『ポリティカル・セックスアピール 米大統領とハリウッド』新潮社，2008.
宇佐美滋『アメリカ大統領歴代41人の素顔』三笠書房，2000.
＿＿＿＿＿＿『アメリカ大統領を読む事典』講談社，2008.
おおば ともみつ『世界の首脳・ジョークとユーモア集』中央公論社，2008.
コルマック・オブライエン（平尾圭吾訳）『大統領たちの通信簿』集英社，2004.
佐々木伸『ホワイトハウスとメディア』中央公論社，1992.
猿谷要（編）『アメリカ大統領物語』新書館，2002.
デイビッド・セイン／佐藤淳子『アメリカ大統領英語名言集』ジェイ・リサーチ出版，2010.
高崎通浩『歴代アメリカ大統領総覧』中央公論新社，2002.
中西信男『アメリカ大統領の深層』有斐閣，1988.
名越健郎『ジョークで読む国際政治』新潮社，2008.
西川秀和『歴史が創られた瞬間のアメリカ大統領の英語』ベレ出版，2008.
花井等『アメリカの大統領政治』日本放送出版協会，1989.
晴山陽一『人を動かすアメリカ大統領のすごい言葉』ぶんか社，2009.
ポール・F・ボラー，Jr.（吉野寿子訳）『ホワイトハウスストーリーズ』三省堂，1999.
丸山孝男『英語ジョークの教科書』大修館書店，2002.
＿＿＿＿＿＿『英語ジョーク見本帖』大修館書店，2007.
＿＿＿＿＿＿『英語脳はユーモア・センスから』KKベストセラーズ，2005.
宮本倫好『大統領たちのアメリカ』丸善ライブラリー，1997.
八幡和郎『アメリカ歴代大統領の通信簿』PHP，2008.

[著者プロフィール]

丸山孝男（まるやま　たかお）

北海道八雲町生まれ。札幌南高校通信教育部を経て，法政大学に進学。社会学部応用経済学科，文学部英文科卒業。同大学院修士課程修了。英語学専攻。ニューヨーク大学大学院修了。英語教授法専攻。東京銀行ニューヨーク支店勤務を経て、明治大学商学部教授。2012年，定年退職。現在，著述と旅行に専念。「日本笑い学会」会員。

著書に『英語ジョークの教科書』『英語ジョーク見本帖』（共に大修館書店），『英語脳はユーモア・センスから』（ＫＫベストセラーズ），『例文中心カタカナ語を英語にする辞典』（共編著，大修館書店），「書を捨ててパブに詣でる」他（『誘惑するイギリス』所収，大修館書店）等。訳書に『感情表現・発想別英語イディオム活用辞典』（大修館書店）。『週刊ＳＴ』にジョークを執筆中。

アメリカの大統領はなぜジョークを言うのか
──名句・迷言・ジョーク集

© Takao Maruyama, 2011　　　　　　　　NDC837/viii, 197p/19cm

初版第1刷	2011年 9 月20日
第3刷	2012年 9 月 1 日

著者	丸山孝男
発行者	鈴木一行
発行所	株式会社 大修館書店

〒113-8541 東京都文京区湯島2-1-1
電話 03-3868-2651（販売部）／03-3868-2292（編集部）
振替 00190-7-40504
［出版情報］http://www.taishukan.co.jp

装丁者	井之上聖子	イラスト	タカセマサヒロ
本文イラスト	YuKa Bonny		
印刷所	壮光舎印刷		
製本所	ブロケード		

ISBN978-4-469-24564-6　　　　　　　　Printed in Japan

Ⓡ本書のコピー、スキャン、デジタル化等の無断複製は著作権法上での例外を除き禁じられています。本書を代行業者等の第三者に依頼してスキャンやデジタル化することは、たとえ個人や家庭内での利用であっても著作権法上認められておりません。

英語 ジョークの教科書

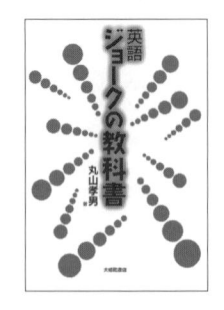

丸山孝男 著

ちょっとしたユーモアのセンスで，会話ははずみ，場はなごみ，新たな知己が増えるもの。誰でも使える実践的ジョーク600を精選。英文に日本語訳と解説がついた決定版〈ジョークの教科書〉。楽しいコラム記事も多数。

四六判・272頁　本体1,900円

英語 ジョーク見本帖

丸山孝男 著

好評を博した『英語 ジョークの教科書』の姉妹版。新たな400ジョーク（英文+日本語訳）に加え，ジョークのオチを考えてみるクイズや著者の英米でのジョーク体験談などから，英語ジョークの笑いが見えてくる。

四六判・220頁　本体1,500円

定価＝本体＋税５％（2012年９月現在）